江西省研究生优质课程资助项目；
江西省高校人文社会科学课题（JD18113）资助项目
江西省社会科学"十四五"（2021年）基金项目：习近平关于发展中国特色、世界水平的现代教育重要论述研究（项目编号：21KS09）

# 教育哲学导论

左志德　李思饶　黄金平◎主编

吉林大学出版社
·长春·

图书在版编目（CIP）数据

教育哲学导论 / 左志德, 李思饶, 黄金平主编. --
长春：吉林大学出版社, 2022.11
ISBN 978-7-5768-1225-1

Ⅰ.①教… Ⅱ.①左… ②李… ③黄… Ⅲ.①教育哲
学－研究 Ⅳ.①G40-02

中国版本图书馆CIP数据核字(2022)第228177号

| 书　　　名： | 教育哲学导论 |
|---|---|
| | JIAOYU ZHEXUE DAOLUN |
| 作　　　者： | 左志德　李思饶　黄金平 |
| 策划编辑： | 甄志忠 |
| 责任编辑： | 矫　正 |
| 责任校对： | 王寒冰 |
| 装帧设计： | 刘　丹 |
| 出版发行： | 吉林大学出版社 |
| 社　　　址： | 长春市人民大街4059号 |
| 邮政编码： | 130021 |
| 发行电话： | 0431-89580028/29/21 |
| 网　　　址： | http://www.jlup.com.cn |
| 电子邮箱： | jdcbs@jlu.edu.cn |
| 印　　　刷： | 天津和萱印刷有限公司 |
| 开　　　本： | 787mm×1092mm　1/16 |
| 印　　　张： | 12.5 |
| 字　　　数： | 180千字 |
| 版　　　次： | 2023年5月　第1版 |
| 印　　　次： | 2023年5月　第1次 |
| 书　　　号： | ISBN 978-7-5768-1225-1 |
| 定　　　价： | 75.00元 |

版权所有　翻印必究

# 目 录

## 第一编　哲学与教育

### 第一章　教育哲学导论 003
一、哲学与教育的关系 003
二、教育哲学的定义与研究方法 007

### 第二章　知识论与教育 009
一、知识理性主义与教育 009
二、知识经验主义与教育 011
三、杜威知识论与教育 013
四、涂尔干社会学派知识论与教育 014

### 第三章　道德哲学与教育 017
一、人性与教育 017
二、道德哲学与教育 022
三、道德教育的有效原则 029

### 第四章　社会哲学与教育 031
一、个人主义与教育 031
二、社群主义与教育 033

## 第二编　教育哲学的实践问题

### 第五章　教育正义（上） 041
一、正义理论发展 041
二、正义概念概述 057

## 第六章　教育正义（下） …… 070
一、正义是教育追寻的最核心的、最普遍的价值 …… 070
二、教育正义的范围 …… 072
三、教育正义关联个人幸福与公共福祉 …… 074

## 第七章　教育自由 …… 079
一、自由概念 …… 079
二、中外自由观 …… 097
三、教育自由 …… 101

## 第八章　教育责任 …… 107
一、责任概念的一般理解 …… 107
二、从伦克的责任要素来理解责任 …… 112
三、两种责任理论 …… 125
四、新时代我国教育责任 …… 135

# 第三编　马克思主义教育哲学与中国教育

## 第九章　马克思主义实践观对教育本质的解释 …… 167
一、马克思主义实践观 …… 167
二、教育必须与生产劳动相结合 …… 168
三、教育与生产劳动相结合的实质目标 …… 171
四、教育与生产劳动相结合的当代意义 …… 172

## 第十章　教育面向生活世界 …… 174
一、学校教育价值观：一元与多元化的矛盾 …… 174
二、知识教育价值观：科学教育与人文教育的矛盾 …… 174
三、学校教育功能观：工具性与价值性的矛盾 …… 175
四、教育要面向生活世界 …… 176

## 参考文献 …… 179

# 第一编 哲学与教育

# 第一章 教育哲学导论

## 一、哲学与教育的关系

### (一)哲学与教育的关系的历史演进

哲学的发生乃是教育的需要。我们考察哲学的发生,乃是起于教育上的需要。杜威在《民主主义与教育》中研究了哲学与教育的发生关系。杜威认为,古代希腊人最初所发展的哲学就其范围和内容而论,与其认为是哲学,还不如说是科学。因为他们仅仅只是以自然的如何构成和如何变化为研究对象,并不关涉到社会人生等问题。事实上,以社会人生的问题为研究对象的有现代意义的哲学乃是从古代希腊的许多教师即所谓哲人开始的。这些教育家们教导青年以道德、政治学等问题。他们经常与学生共同探讨的问题是,道德是至上的,可以通过学习而得吗?知识如何得到?是通过感官而得吗?是由理性而得吗?知识与德性的关系到底是如何的?德性乃是和行为有关,那么知识与行为、理论与行为之间的关系如何?诸如此类问题,在杜威看来,均是从教育青年而起,而最初均是教育的问题,到后来这些问题逐渐成为哲学的中心话题,也就是哲学的对象——知与行的问题。正如杜威所说,"欧洲哲学思潮由教育原理而起家,此事仍不失为哲学和教育有密切关系的明证。"[1]

哲学影响着教育。一部欧洲教育史,所见到的教育理论和实施都是当

---

[1] 杜威. 民主主义与教育[M]. 王承绪, 译. 北京: 人民教育出版社, 2001: 386.

时主要哲学思想的反映。譬如，古希腊的文雅教育乃是当时尊重知识、崇尚理想的哲学的反映；古罗马的实用教育乃是当时尚辩说、重事功的哲学思潮的表现；中世纪基督教的势力笼罩一切，哲学唯一的功能变为调和理性与信仰，因此产生经院主义——反映到教育上，就是注重严格的逻辑训练、致力于烦琐的教义的辩论，与现实生活相隔离、重精神的超度而忽视体格的培养，以上种种均是经院主义的表现。文艺复兴时期注重古典文艺，哲学上注重古希腊与罗马的文献，因此在教育上便产生了人文主义。文艺复兴后，自然科学逐渐发展，哲学思潮趋于唯实主义和自然主义，其时的教育教学则注重直观和科学知识。18世纪为个人主义哲学思想时期，这个时期的教育也以个人发展为目标，崇尚个人自由和权利，反对约束。19世纪时期，民族主义勃兴，而教育就是注重公民素养。

事实上，古今中外的大哲学家都是教育家，哲学家不讨论教育问题、不把他的哲学主张实施到教育上是没有的。古希腊苏格拉底是著名哲学家，他的哲学观点都是在与学生的交流中表达出来的。柏拉图的《理想国》谈论了许多教育问题，在教育史具有极其重要的地位。所以卢梭说，"如果你要知道公共教育的意义，请你读《理想国》，这绝不是一部政治的著作，这是一部最精妙的论教育的著作。"[1]亚里士多德的《政治学》也谈论了许多教育问题。古罗马的哲学家如西塞罗等人都是或从事过教育或在著作中有教育的论述。

近代大哲学家笛卡尔与洛克都谈及过教育。笛卡尔在《方法论》中就专门谈及过教育方法论；洛克则写过《关于教育的几项见解》《教育漫话》；康德的教育阐述被学生整理成《康德教育论》；费希特的《对德意志民族演说》实则就是教育史上一部划时代著作；斯宾塞等人都专门谈论了什么样的知识最有价值；托尔斯泰通过创办学校，实验他的无政府主义教育思想；涂尔干在大学里除教授社会学课程之外，还教授教育学课程，著有《道德教

---

[1] 卢梭.爱弥儿[M].李兴业,译.北京：人民教育出版社,2017：6.

育》《教育社会学》等专著；伟大的思想家马克思提出了许多教育主张；杜威把其哲学思想全部实验于教育中，著有《民主主义与教育》。

所以法国教育家孔佩雷说过："一切哲学系统都藏着一种特殊教育学的种子。哲学家只因对于人的性质和命运各有其看法，对于教育目的和方法的了解，便各不相同。不过有些哲学家费些心力，从他们的原理中演绎出含蓄的结果罢了。可是一切哲学家，不管他们愿与不愿意，都是教育家。"[1]

中国古代哲学与教育的关系也是如此。譬如，孔子的仁学思想就是通过教育学生的过程体现出来的：

颜渊曾问孔子怎样才能做到"仁"，子曰："克己复礼为仁。一日克己复礼，天下归仁焉；为仁由己，而由人乎哉。"

颜渊一听便心领神会，又问其具体条目。孔子便兴致勃勃地讲了仁的"四目"，曰："非礼勿视，非礼勿听，非礼勿言，非礼勿动。"

而子贡问仁，孔子却说："己欲立而立人，己欲达而达人。"子贡名端木赐，利口巧辩，善做生意，家境富裕。子贡有志于仁，每天想要博施济众，但徒事高远，眼高手低，不知从何做起，孔子教他应该从自身做起，可以说教给子贡一个"仁之方"。

司马牛问仁，孔子说："仁者其言也讱。"意思是说，有仁德的人说话迟钝。司马牛问的是"仁"，而孔子答的却是"仁者"，因为司马牛多言而浮躁，孔子实际上是通过解释"仁"来告诫他，促使他以后注意改正缺点罢了。

孔子的仁学思想通过与学生的交流获得了传授与实践。

### （二）哲学与教育密切关联

哲学需要教育。大部分哲学家的人生主张、政治见解，都需要通过教育的力量来实施。杜威曾说："在事实上，教育贡献一种有利的立场，可从而深究哲学讨论的人生的意义。"[2]杜威甚至进一步认为，哲学的理想需要

---

[1] 转引自吴俊升.教育哲学大纲[M].福州：福建教育出版社，2011：23.
[2] 杜威.民主主义与教育[M].王承绪，译.北京：人民教育出版社，2001：24.

教育这个实验场来实施、实现,"教育乃是实验室,在这实验室里,哲学的差别,具体表现,且经过考验"[①]。前苏联教育家德贺夫也有类似的见解,"教育学更是人生观的试金石"。"哲学乃是指引教育学的明星,可是教育学也同样是人生观的向导和试金石。哲学家应该指引教育家,可是教育家也同样能校正哲学家。"[②]总之,哲学依赖教育而完成使命,也依赖教育来实验其是否具有价值合理性,这是哲学与教育联系紧密的一个重要原因。

教育需要哲学。教育无法离开哲学。如前所说,哲学的对象是知与行,具体而言是对知与行的价值及其价值关系作出判断。然而,教育的内容也是知与行,特定的教育是一种意识形态,它必须服务一定的时代需要。因而,教育必须选择特定的、关于知与行的价值及其关系的一些内容来实施。费希特说过:"教育的艺术离开哲学,自身永久不能达到完全清晰的境界。因此两者有交互的作用,彼此相离,则均不完全,均不能生效。"[③]

就教育过程来看,教育离不开哲学。教育目的一定是人生观、价值观、世界观的体现,实则就是一定的哲学主张的反映。任何教育内容都是知识观、历史观、国家观等哲学主张的反映。譬如,强调国家主义思想反映在教育上,选择的教育内容必定是反映爱国主义的知识。总之,教育过程都是在一定哲学思想的指引下完成使命的。

(三)哲学与教育的理想关系

从哲学层面来看,哲学应当关注社会、人生等普遍性问题。譬如,为教育的实施提出一些理想、提供一个指南针、提供合理的价值取向与价值判断。

从教育层面来看,教育应随时依据于一定的哲学立场、观点与方法。教育是一定社会的教育,脱离了哲学的世界观与方法论的指导,教育便失去了存在的依据。而只谈教育的独立性,不强调哲学对教育的方向性、价值性,

---

[①] 吴俊升. 教育哲学大纲[M]. 台北:台湾商务印书馆,1935:18.
[②] 吴俊升. 教育哲学大纲[M]. 台北:台湾商务印书馆,1935:19.
[③] 吴俊升. 教育哲学大纲[M]. 台北:台湾商务印书馆,1935:19.

教育便失去了归宿。

按照杜威的观点，哲学应成为教育的普遍原则，而教育应是哲学的实验室。譬如，教育的本质问题、教育的终极意义问题（教育是为未来生活做准备抑或教育是社会发展的一种工具抑或教育是促进人的完美）、教育的立场问题、教育的价值问题、课程的价值问题、知识论问题、道德教育的意识形态性，如此等等都是哲学的认知对象与哲学命题。而且，这在教育中无法避免。

## 二、教育哲学的定义与研究方法

### （一）何谓教育哲学

从历史方面考察，教育哲学这个名词最早发生于美国。1904年美国人霍恩出版了《教育哲学》（*Philosophy of Education*）；1908年，杜威推出了巨著《民主主义与教育》（*Democracy and Education*），其著作的副标题为《教育哲学导论》（*An Introduction to the Philosophy of Education*），标志着教育哲学作为独立的学科建立起来。杜威在此书中基于他的实用主义哲学针对教育目的、教材、教育方法、教育价值构建了一套教育哲学体系。

总体而言，教育哲学的基本特征有：

一是，依据哲学的一些基本命题、基本原则对教育作指导或对教育实践作批判、指引。譬如，杜威的实用主义哲学思想对教育的指导和规范（从做中学、学校即社会），康德的理性主义哲学思想重视学生心智的训练等等。二是，教育自身的许多内容就是哲学命题，如教育本质、教育价值、教育的道德要求等。

当前，随着教育学科分化的趋势日益加强，教育科学也分化出了教育统计学、教育社会学、教育心理学、教育经济学等教育科学学科。但是，这些教育科学学科的发展并不能代替教育哲学的地位。

### (二)教育哲学的研究方法

历史法、比较法与批判法均是教育哲学的典型研究方法。

科学的命题是基于客观事实，是事实判断，是对客观事实的一种客观判断。哲学的命题永远是价值判断，由于不同主体的认识取向、文化背景等异质性，因而对于同一对象、不同主体会产生不同的价值观、立场与主张。因而，哲学价值判断是多元的。从这个角度来看，哲学的命题永远是相对的，所以叔本华说，人人都是玄学家，就是因为价值判断问题是一个主观问题。

教育哲学既然是哲学命题在教育的应用，因而教育哲学命题或判断也是多元的，每一位教育理论家和实践家都有自己的哲学观。从这个角度讲，我们学习和研究教育哲学就不能囿于一家之言，要根据教育的时代背景、时代使命等要素进行历史的、比较的甚至是批判的分析。总之，教育哲学命题是价值命题，是相对的。

**思考题：**

如何理解教育是哲学的实验场地？

# 第二章 知识论与教育

## 一、知识理性主义与教育

### （一）何谓知识理性主义

理性思想来源于古希腊。柏拉图把人的灵魂分为理性、欲望、激情，它们分别代表着智慧、节制、勇敢三种德性，即当理性能统摄欲望和激情时，人就能成为正义之人。实际上，柏拉图的灵魂说是他的社会阶层理论的哲学基础。在柏拉图看来，理性最强的人无疑是统治阶级，他们统领国家的发展，因为理性最强的人是智慧最强之人，灵魂最为和谐之人。

他的这一理性主义反馈到知识上，就是知识是理性的产物，知识需要依赖于演绎、推理才能获得，即灵魂转向说——知识就是灵魂的回忆，而不是靠后天的感官直接获得。所以柏拉图所认可的真实世界是理念世界——世界的本原是理念。

亚里士多德把知识分为理论知识（思辨知识：物理学、数学和形而上学）、实践知识（伦理学和政治学）和创制知识（工艺等）三大类。只有思辨知识是真知。为什么呢？亚氏认为，沉思、思辨能达致幸福或者说最高的幸福就是过一种沉思、思辨的生活。

请看亚里士多德有关话语：

"幸福就在于某种沉思"。沉思是"最高等的实现活动"，而且"似乎是唯一因其自身，故而被人们喜爱的活动。因为它除了所沉思的问题外不产生任何东西"。这意味着，思辨（沉思）具有内在价值，继而从生活幸福出发，为思辨知识研究找到了合理性的依据。

"人的本性在于求知"，而这种求知（思辨知识）并不是为了什么功利性目的——"无论现在，还是最初，人们只是基于好奇心而开始哲学思考……倘若人们从事哲学沉思只是为了摆脱无知，那么，他们显而易见是为了知识而追求知识，而并不以某种实用为目的。"[①]

亚氏的理性活动顺序为其所创的三段论式[②]，并且它是获取知识的唯一方法。这足见，知识只是靠理性而获取的。

18世纪，笛卡尔沿袭了知识理性主义学说。他认为，一切知识无需外求，仅只是先验观念而生，一切感觉、直觉等经验只是应用这些先验观念而已。

康德稍微调和了理性主义和经验主义的冲突和矛盾，他并不完全认为理性只是获取知识的唯一源泉。在他看来，经验为知识提供原料，但获得真知则需要靠理性。所以他说，知识需要经验和先验（心灵）两种元素的联合。他把知识分为两大部分。一类是法学、神学、医学、科学等知识。它们属于规范性知识，具有实用性价值，在康德看来，科学等知识尽管需要通过实验、经验等方式获得，但是追求其本体的形而上性则仰赖于理性。另一类是哲学知识。这些知识完全靠理性，即靠理性去批判、去获取。

总之，几乎所有知识理性主义基本认可：单靠经验并不能获得知识；在知识的构成中，依靠理性所获得的知识是普遍的、不变的。

（二）知识理性主义对教育的影响

其一，教育价值的影响。知识理性主义重理智学科轻视应用学科、重文雅教育轻视职业教育，为求知而求知、为追求真理而求真理，从而导致智慧与经验、知与行、自由教育与生产教育的割裂。理性主义者始终只认理性的活动为知识的起源，忽略经验的作用。

---

① 亚里士多德.尼各马可伦理学[M].廖申白，译.北京：商务印书馆，2003：310.
② 大前提、小前提、结论，它是典型的形式逻辑推理基本形式：凡人都会死（大前提），苏格拉底是凡人（小前提），所以苏格拉底会死（结论）。

其二，教育内容的影响。古希腊是理性主义思想的启蒙和开创时代，这个时候以柏拉图等人为代表的哲学家们主张数学、辩证法、逻辑学是主要学科（古希腊），学校教育要完全与个人实际生活相脱离。

其三，教育方法的影响。理性主义者十分重视学生的心智训练，轻知识传授，所以教学过程中只是重视推理的训练。[①]

## 二、知识经验主义与教育

### （一）何谓知识经验主义

1.代表性人物

理性主义认为知识是心智、心灵、理性的产物，它只需借助于心灵直觉和演绎。然而，这些观念遭到了经验主义的强烈反对。

洛克是知识经验主义的奠基人，他在《人类悟性论》中首先反对笛卡尔的先天观念。他认为，一切知识都是非先天的，因为低能的人、野蛮的人和儿童的思维都很差。人的心灵最初如白纸一张，所谓先验的观念，如时间、空间、本体、因果、无极、上帝等并非先天所本有，均是从经验中获得的。[②]

孔迪亚克认为，感觉是一切知识的来源，我们的一切观念以至于洛克所承认的、我们的一切心灵活动，都只是感觉的产物（后人称之为感觉主义）。而休谟和穆勒持混合联合论，这便是经验主义的另一种形式了。

2.知识经验主义的共性

上文提到，以洛克为代表的知识经验主义者认为，心灵仅只是一种白纸或白板。心灵空洞洞，一切知识均从经验中发生。从来就没有先验的普遍原

---

[①] 知识理性主义对于教育方法的积极意义主要是：持这种观点的人普遍反对注入式的知识，反对教师主导式。他们普遍主张诱发教育，如苏格拉底的产婆术，柏拉图的辩证法，亚里士多德的三段论式。

[②] 斯宾塞、爱尔维修都是知识经验主义的代表性人物。

理，理性也仅只是经验的产物。

心灵只是被动地接受外界的印象，心灵是个受容器，它对外界的印象不具有主动性。为此，洛克把整个人的认识比做一个"暗室"，把"内外两种感觉"比做暗室上的"窗子"，声称只有它们能"把光明透过来"、能"把外界事物可见的肖像或观念传达进来"。

基于白板说，洛克提出了教育效能说，即教育只需提供个人以适当的经验将无所不能，人因教育而有差异，"凡我所遇的人，其中十有八九，其为善为恶，为有用或无用，皆由于他们的教育。使人类发生大区别者，乃是教育"。

爱尔维修基于唯感觉主义的哲学立场，更是提出了教育万能说的主张。

3.知识经验主义对于教育的影响

经验主义把知识看成是经验的产物，因此十分重视教育的效能。而理性主义则认为知识仅仅是蕴含于理性之中，教育只不过是促发内在理性发展而已，因而教育的效能是有限的。但在经验主义看来，由于知识是经验的产物，因此教育要重视实践、重视体验。所以杜威说，"假使心灵是一块蜡板，待外界的事物来铭刻印象，那么借自然环境而实施的教育则可能将无限制"[1]。洛克更是看重教育对人的效能。他说，"人们态度和才能的差异，因教育而产生，甚于因其他任何事而生"[2]。

经验主义对于教育的最大影响是重视感官经验教学、重视直觉教学，因而从18世纪起，教育形式上出现了一种新倾向：注重教材、注重实物教学。事实上，这种教育方法是视感觉唯物主义为哲学基础的。相较理性主义教育而言，他们则认为与实践经验有关的教材其教育价值较少，而只有那种重视逻辑演绎的教材才更有价值。经验主义教育对此则持相反观点。

---

[1] 杜威.民主主义与教育[M].王承绪，译.北京：人民教育出版社，2001：108.
[2] 转引自阿龙·约翰·洛克[M].陈恢钦，译.沈阳：辽宁教育出版社，2003：231.

## 三、杜威知识论与教育

### (一)杜威知识论的基本内涵

现代知识论普遍中和了唯理性主义和唯知识主义的知识论,而其中一种基于生物学的观点认为:知识乃起源于生活实际需要;所谓理性,乃知识的产物,也是适应生活需要而生的;理性和经验、观念和感觉乃是在探索知识的历程中互相连接、互相辅助的两种作用。

杜威是现代知识论的典型性人物。他从生物学的观点出发,认为知识乃实践的工具——知识不是一种冥索而是一种行动,知识并不是就现实的外界加以摹拟,而是就现实的外界加以改造。可见杜威的知识论是从动态的立场来思考知识的起源,这杜绝了理性主义和经验主义基于静态的立场来思考知识的起源。

杜威认为试验科学的求知程序有三种特点[①]:

一是一切试验都含有外表的动作,在环境里,或在环境和我们之间,创造确实的变化;

二是试验并不是一种偶然发生的活动而是受着观念的指导,而此等观念必须满足引起研究的问题的需要所规定的条件;

三是受指导的活动所生的结果,乃是一种新情境的创造。

可见杜威的试验科学求知是前瞻的、创造性的。

杜威的知识论的确是一种经验主义,只是他又区别于传统的经验主义——传统的知识经验主义认为心灵只是被动地接受外界的感觉印象。他并不赞同知识是经验的产物,而认为知识只是适应环境而不断改造或创造的结果。为了与传统经验主义相区别,人们将杜威的知识论命名为试验主义知识论。

---

① 吴俊升.教育哲学大纲[M].台北:台湾商务印书馆,1935:93-94.

杜威的知识论的主要特点：

①经验和理性在知识的构成中存在着优先权之争。

②知识因行动而生（知识因生活实际需要而生），所以知识的价值也在于行动。这是杜威实用主义思想在知识论中的实际表现。

### （二）杜威知识论对教育的影响

其一是影响到了教育价值论。杜威知识论整合了经验和理性的功能，这也影响到了教育价值方面。他倡导了实用学科和理论学科在教育中的同等地位，从而使理论和实践的对立关系获得了同一性。

其二是在教育方法上十分重视知行合一。具体到学校教育中，杜威主张学校生活要与儿童的实际生活合二为一。由于兴趣主义一味地关注于感官的刺激，而训练主义只是倚重于努力，因此知行合一思想在一定程度上调和了兴趣主义和训练主义。试验主义的教育方法不以教材为起点，而以儿童本身经验中的种种活动为起点，让儿童在活动中进行学习。此外，试验主义除了非常注重理智的训练外，还十分重视习惯的养成。

## 四、涂尔干社会学派知识论与教育

### （一）何谓涂尔干社会学派知识论

经验主义知识论也遭到了涂尔干等人的批判。他认为经验主义知识论过于看重知识的个性、特殊性、主观性，却没有普遍性和确定性。在涂尔干看来，按照经验主义的方法，将理性归于经验必然抹杀理性的特性。因为理性范畴所规范、所组织的伦理生活的客观实在性是经验主义所否认的，这样一来"经验主义乃成为无理主义了"。

同时，他也并不满意于传统理性主义的"为知而知"的脱离生活实际需要的知识唯理论。他认为，一切理性的观念、范畴（时间、空间、因果、矛盾等）都因社会的生活而生，而"非个人先天的禀赋，也非个人后天经验所获得"。"理性的范畴系自社会而生，并非个人经验的产物，而是凭社会组织的情形，凭社会的形态和社会的、宗教的、道德的、经济的等等状况而定的。"①

**（二）社会学派知识论对于教育的影响**

其一，涂尔干认为，理性既非个人所先天持有，也不是个体在经验中创造而来，理性仅只是社会生活的结果、产物。基于这种观念，教育的智育目的则在于根据社会实际需要而产生的理性知识来教育儿童。"记忆、注意、联想力乃是儿童先天的倾向，在个体经验中可以因练习而发展的，不管这等能力运用于何种对象。可是我们的文化所创制的各种基本观念却是集团的观念，应该传递给儿童，因为儿童个体是不会加以创制的。个人不以其本人的经验重创科学，因为科学乃是社会的，非个人的，个人只是学习科学的。"②可见涂尔干反对唯理教育。

其二，智育的关键不在于知识的传授而在于智慧的陶冶与培养。因为在涂尔干等人看来，智慧的内容和形式全是社会的产物。涂尔干的知识论认为，知识和道德均与社会生活紧密相关。所以具体到教育的使命来看，教育在于让人社会化，根据社会需要发展个人人格，而以往康德、穆勒、斯宾塞所主张的教育促进个人发展等系列观点均遭到涂尔干教育的社会发展观的冲击。所以涂尔干说，"人之所以为人正因为其生活于社会之中"。

总体而言，四大派系知识论各有长短。知识理性主义和经验主义两派都偏重于知识来源的一种——唯先验或唯经验，二者对于知识的构成和发展都只能作片面的解释。譬如，应用到教育方面，前者偏重于唯理活动和心智训练，后者则偏重于个体的经验获取和碎片化的、非系统性的学科知识。

杜威知识试验主义偏重于个体单独经验的获得。因此，在教育上其观点常有趋于个人主义的倾向。社会知识派系论一方面重视社会对个人发展的重要作用，这是积极方面，但忽视个人自身的作用往往不利于个人创造力的发挥。

---

① 涂尔干. 宗教生活的基本形式[M]，渠东，汲喆，译. 北京：商务印书馆，2011：595.
② 转引自吴俊升. 教育哲学大纲[M]，福州：福建教育出版社，2011：167.

**思考题:**

1. 评价理性主义对教育的影响。①
2. 评价知识经验主义的不足。②
3. 评价杜威知识论。③

---

① 理性与自由是相统一的,所以理性主义在很大程度上推动了自然科学的发展;弊端:实践证明,经验也是知识的重要来源,忽略经验实践的作用,加剧了教育对社会阶层的分化作用(柏拉图、经院哲学),也导致了统治者只重视劳心,忽略劳力的伟大实践作用。

② 杜威等人对知识经验主义的一些主张进行了批判,其一是,经验主义完全否认心灵的主动性,仅把心灵当作受容器,无疑过分地抬高了教师的主导性,所以教育中的体罚教育、教师中心主义等可以追溯到这种思想源头。其二是,经验主义否认理性是知识获取的渠道,这无疑不利于学生心智的训练,不利于学生抽象思维的锻炼和培育。事实上,没有理性的参与,再多的外界刺激、感官也不可能成为普遍性的知识。

③ 积极方面:学习者的中心地位树立;消极影响方面:知行合一实用主义思想过于重视知识的工具性、实用性的终极意义,最终会阻碍知识的发展。

# 第三章　道德哲学与教育

## 一、人性与教育

现实中，我们许多规章制度都是基于人性的预设。

### （一）何谓人性

我们经常听人家说，张三人好，李四人坏；

事实上我们讲人好、人坏就是讲人性的好坏。

由此可见，人性就是人的固有属性，是人作为类而言所具有的属性，而并不是指对某一个体而言的属性。人由动物进化而来，具有与动物一样的自然属性，如生理需要、安全需要等等。人并不是动物，人与动物有着根本性的区别，我们称之为社会性。这种社会性是一个复合的概念，譬如人是理性的动物。但同时，人也是感性的动物——人许多时候受情感、欲望的控制——正如柏拉图所认为的那样，人的灵魂有智慧、欲望和理性三大部分。

许多时候，人们总是从善恶的角度来考察人性。

譬如孔子提出了"性相近、习相远"的观点。

春秋时期的孟子认为人性是善的。所以他提出了"四心"说，即人有恻隐之心、是非之心、辞让之心和羞恶之心。

荀子则认为，人性是恶的。所以他说：

"今人之性，生而有好利焉，顺是，故争夺生而辞让亡焉；生而有疾恶焉，顺是，故残贼生而忠信亡焉；生而有耳目之欲，有好声色焉，顺是，故淫乱生而礼义文理亡焉。然则从人之性，顺人之情，必出于争夺，合于犯分乱理，而归于暴。故必将有师法之化，礼义之道，然后出于辞乱，合于文理，而归于治。用此观之，人之性恶明矣，其善者伪也。"[1]在荀子看来，人生来就有利己之心、嫉妒心、好声、好色、好闲逸。

西汉的董仲舒提出人性三品说，上等为"圣人之性"——先天就是善的，不需教育。下等为"斗筲之性"，是经过教育，也难以转化为善的。这两种都是少数，都不可以名性。只有"中民之性"可以名性。中民是大多数，需要教育。所以董仲舒指出："王承天意，以成民之性为任者也。"董仲舒的"性三品说"是为其加强中央集权统治在学理上找到合理性的依据，过于意识形态化。

朱熹的"存天理、灭人欲"也是内涵着人性之恶。

西方关于"人性论"这一课题主要基于恶展开。

许多思想家对于人性的自私自利做了不同程度的阐发。

柏拉图提出："人性总是要把人拉向贪婪和自私，逃避痛苦而毫无理性地去追求快乐。"[2]

亚里士多德说："人类的恶性就在于他永无休止的贪心，一时他会很满意于获有两个奥布尔的津贴。不过，一旦习以为常的时候，他并不满足于这两个奥布尔津贴，他总是希望获取更多。"[3]

奥古斯丁更是一针见血地指出，人的自私自利成为人类行为相互冲突的渊源。

阿奎那认为社会存在的意义在于倡导一种德性的生活，而这正是基于人之恶性的设想。所以他说："每个人都有可能做非正义之事，因为这样做，对他们有利。他们宁愿满足自己而不会去成全他人——所有的行动都是出于对他自己的考虑。"[4]

---

[1] 《荀子·性恶》。
[2] 柏拉图.理想国[M].郭斌和，张竹明，译.北京：商务印书馆，2002：290.
[3] 亚里士多德.政治学[M].吴寿彭，译.北京：商务印书馆，1965：319.
[4] 阿奎那.阿奎那著作选[M].马清槐，译.北京：商务印书馆：1997：115.

孟德斯鸠主张以三权分立来治理国家，这更是基于人性之贪婪考虑的。"作为有感觉的动物，他受到千百种情欲的支配。……这样的一个存在物，他能够随时忘掉他自己。"①

休谟更是把人设想成"无赖"——"人人应当被假定为无赖"，因为"自私和人性是不可分离的"，"它（自私）总是伴随着一切人，不论他们的身份和地位是怎样的，那些被我们选举为统治者的人也并不是因为他们有较高的权力和权威，而是在本性方面会立刻变得高出其他的人类"②。

霍布斯便是其中的典型代表性人物。他认为人的本质就是自私自利，从而提出了"人对人是狼"的命题——"人性竟然会使人们如此互相离异，易于互相侵犯、摧毁，这在没有好好考虑这些事物的人看来是很怪异的"③。而"人对人是狼"的人性之恶则具体体现在财富欲、权力欲、知识欲和名誉欲方面，其中权力欲或控制欲则是首位。为限制人性这些恶，霍布斯主张人们让渡一部分权利建立全能的政府，设计一系列合理的国家制度以结束"人对人是狼"的战争的自然状态。

综上看来，人性具有绝对性、普遍性、永恒性。

事实上，人性的特点有：

1.每个人的人性的质或者说内容都是普遍的、永恒的、绝对的。譬如，每个人都有恻隐之心，是非之心、辞让之心、羞恶之心。即使是罪大恶极之人，也并不能说他完全没有恻隐之心。

2.不同的个体，其具体人性的内容的量是不同的。前面所提及的罪大恶极之人的人性就比普通人要少。譬如，一个天生仁慈之人由于长期生活在尔虞我诈的社会环境中，因而恶的方面的人性自然也就占多数。所以从这个方面来看，每个人的具体人性的量是特殊的、偶然的、相对的。如果说人性之质或者说种类是"体"，则每个个体人性种类的量就是"用"。因此，人性

---

① 孟德斯鸠.论法的精神[M].许明龙，译.北京：商务印书馆，1961：3.
② Hume. A Treatise of Human Nature[M]. Oxford: The Clarendon Press, 1949: 592-593.
③ 霍布斯.利维坦[M].黎思复，黎廷弼，译.北京：商务印书馆，1996：94.

是质与量、体与用、普遍与特殊、必然与偶然的统一体。

古希腊人所强调的人是理性的动物，抑或是有限理性的存在者。不论采用以上哪种说法，都道出了人和动物的本质区别。然而，这仅是从自然属性的视角对其进行的区分。马克思基于人在世界中的主体性地位，提出了人的社会性是人之为人基本规定性的主张。人是现实中的人，是一切社会关系的总和。因而，人的发展必须同社会生活实际相联系。而教育是未成年人从自然人逐渐发展成社会人最重要的一环，它对人的社会性发展具有重要的作用。

（二）教育是促进人的社会性最重要的环节[①]

1.个体社会化的基本内容

所谓个体社会化的基本内容是指每一个体参与社会生活、从事社会活动所必需的社会化内容。最基本的社会化内容应该包括：培养基本的生存技能，培养承担社会角色的能力，促进个性的形成和发展，培养正确的自我观念，传递社会文化，促进社会成员对于社会共同价值观念的内化，等等。

（1）掌握生产与生活基本知识与技能，学会学习

在个体的成长发育过程中，必须掌握一定的劳动与实践技能。信息技术迅速发展的今天，劳动与实践技能不可脱离学习与教育。

（2）对共有的价值理念、观念等社会规范的认同与内化

认同社会文化是个体社会化的一项基本内容，一个民族、国家的稳定是以国民认同的主要文化与价值观念为基本前提的。稳定的价值观念是社会文化的内核，它对个人的社会行为起着引导、支持和调节作用，而价值观念的内化与认同在很大程度上取决于学校教育。

社会规范是调整人们行为的各种条例或准则，是维持社会秩序的重要工具之一，它规定了人们在特定情况下行为的取向。常见的社会规范有风俗、习惯、道德、宗教、法律，等等。社会规范的基本特征是约束性，有制度刚性与非制度软性之分。

---

[①] 徐瑞.教育社会学[M].北京：北京师范大学出版社，2010.

#### （3）学习和扮演社会角色

社会角色与社会地位相联系，社会上的每一种地位都有一套被期待的与这种社会地位相应的权利义务和行为模式。所谓角色，就是这套权利义务与行为模式体系。实际上，角色也就是社会对于某一社会地位上的人的一种社会期待。在社会生活中，只有人们都按照社会对自己的角色期待和要求进行角色扮演，各司其职，社会系统才能正常有序地运转。因此，社会角色的学习和扮演就成了个人社会化的一项重要内容。

#### （4）确定人生理想与生活目标

人生理想与生活目标本质上就是个体对"人为什么活着""人怎样活着"有着自己的根本看法和认识。人的理想与生活目标在很大程度上受到父母、教师和同辈群体的影响。

#### （5）培养完善的个性

所谓个性是一个人区别于他人所具有的、独特的精神面貌和心理特征。从狭义方面来讲，它包含个性倾向性和个性心理特征两部分。个性倾向性是指人对社会环境的态度和行为的积极特征，包括需要、动机、理想、信念和世界观。个性心理特征是指人的多种心理特点的一种独特结合，其中包括能力、气质、性格等。教育的重要功能就是要在促进人的社会化中发展人与人之间不同的兴趣、生活期望、理性判断等差异性，以期塑造各个个体的创造性与主体性。正因为在教育的影响下，个体间有不同的创造性、主体性乃至审美意识，才有了丰富的人的世界。

2.教育在个体社会化中的作用

教育在个体社会化中有三种主要观点。

#### （1）教育等同于个体社会化

等同论的代表性人物是教育社会学家迪尔凯姆。他认为，教育是年长的几代人对社会生活方面尚未成熟的一代人所施加的影响。其目的是让儿童的身体、智力和道德状况都得到某些激励和发展，以适应整个社会在总体上对儿童的要求，并适应儿童将来所处的特定环境的要求。由此，迪尔凯姆认为

"教育在于使年青一代系统地社会化"[①]。

"等同论"是从最广义上理解教育,将教育看作是一种培养人的社会活动。它在理解教育时抓住了教育的本质——培养人——培养合格的社会公民,并认为合格社会公民的标志在于内化特定的社会文化,而社会文化的内化正是个体社会化过程中所追求的目标。

"等同论"存在着一些理论上的不足。教育不仅具有个体社会化的功能,还具有重要的社会功能。教育不仅要传递社会文化,还要创造社会文化。

(2)教育大于个体社会化

这种观点认为,教育除了担负传递社会文化、维持社会生存的职能之外,还有一个重要的职能,即促进社会的进步与变革。而个体社会化的主要职能在于传递社会文化、维系现存的社会秩序。理想的教育不仅要使个体认同现有的社会文化和社会秩序,而且要培养人的批判精神、创新意识和创新能力,使其能够积极主动地促进社会变革,推动社会的发展和进步。

"扩大论"一个显著的不足是:其实社会化是某一个体和社会的互动过程,在这一过程中,个体和社会相互作用;社会努力将其价值观念、行为规范传递给个体,以期待个体能够将其内化,而个体则会根据自己的情况有选择地接受、修改、变更社会的教化,以实现自己个性化的发展。

(3)教育小于个体社会化

这种观点认为,学校教育是社会化的重要部分,是一种十分重要的社会化形式和机制,但不能完全等同于社会化。影响社会化的因素除了学校教育之外,还包括家庭、同辈群体等诸多因素。

## 二、道德哲学与教育

所谓道德终极标准,是指判断一种行为是否道德,以及其所依据的道德

---

[①] 转引自徐瑞.教育社会学[M].北京:北京师范大学出版社,2010:103.

终极尺度（内容）是什么。伦理学界主要流行功利主义和义务论两大道德判断标准。

### （一）功利主义与教育

（1）功利主义的道德终极标准

功利主义认为，是否能增加每个人的利益总量或幸福总量是判断行为是否道德的终极依据。具体而言，如果一种行为能够增加社会利益总量，则这种行为是道德的、合理的；反之若这种行为不能够增加社会利益总量，那么这种行为是不道德的。由此可见，功利主义的道德判断标准是目的论、结果论，它并不权衡或考量行为的正当性与否，即便行为是正当的，但其结果并不能满足社会利益的需要，这样的行为也是不道德的；即便行为不正当（甚至是对部分人权利的侵犯），但结果是促进了社会福利总量，促进人的幸福，那么这种行为也是道德的。

可见，功利或利益是衡量一切行为善恶的终极依据。

边沁说，"功利原则乃是这样一种原则，赞同或不赞同任何一种行为的根据，是该行为增进还是减少利益相关者之幸福"。

穆勒说，"行为与意向只是因其促进美德以外的目的才是美德"。

摩尔说，"我们一切行为都应当按照它们作为取得快乐的手段的程度来加以衡量。它当然的意义是：判断行为是非的标准就是行为增进每个人的利益的趋势"[①]。

总体而言，功利主义论基本主张有：

一是，对于行为的善恶判断，只看结果不看动机、意识。所以边沁说："它们是善或恶，这完全是因为它们所生的结果。善是因为它们的产生快乐或避免痛苦的倾向；恶是因为它们产生的痛苦或避免快乐的倾向。从同一动机，可以发生善行为，也可以发生恶行为，也可以产生与善恶无关的行为。"

---

① 乔治·爱德华·摩尔.伦理学原理[M].长河，译.北京：商务印书馆，1983：114.

二是，善就是快乐，恶就是痛苦。边沁说："除了快乐与痛苦本身而外，除了足以增减苦乐的结果而外，也无所谓善与恶。"①

三是，道德的权威需要强有力的制裁来建立。在边沁看来，主要有政治制裁、舆论制裁、宗教制裁、物理制裁（如通过体罚方式来养成某些良好道德习惯）。

（2）功利主义对教育的影响

一是，功利主义思想对教育理想或教育目的的影响。斯宾塞认为，教育就是为未来完满生活做准备。在斯宾塞看来，所谓完满的生活就是快乐的生活，为此教育需要从五个方面准备：直接自我保全方面、间接自我保全方面、教育儿女方面、政治活动方面、休闲娱乐方面。当前，教育是为未来职业做准备的观念都是功利主义思想在教育上的体现。

二是，功利主义思想对教育价值的影响。判定教育的价值大小在于它的功用，具体体现在课程教育内容按功用标准选择。譬如，斯宾塞在《什么知识最有价值》中提出，古典学科地位下降了，卫生、体育等方面的学科地位加强了。在当代，学校、社会、教师、家长、学生只重视中考、高考科目的学习，美术、音乐、计算机、心理健康教育等科目的开设仅仅只是一种应付上级教育行政部门突击检查的摆设而已。至于它们开课质量如何，几乎没有哪一个教育者和受教育者会去关注它，因为这些科目并不是衡量教育质量的重要影响要素。

三是，对于道德教育的影响。功利主义关切儿童行为习惯的养成，而不是过多地关注于人的人格、品格、心灵。在其看来，如果面对一个穷凶极恶的歹徒不能勇敢地与之搏斗，那么拥有再高尚的心灵又有何用？所以功利主义关切于道德教育的实用价值。

四是，一切道德行为习惯的养成、一切道德权威的建立，奖赏和惩罚是最好的手段。功利主义折射在道德教育场域中，道德教育方法论蜕变成工

---

① 边沁.道德与立法的原理[M].时殷弘,译.北京：商务印书馆：2002.

具论——甚至关注于使用训斥、训诫、惩罚等非道德正当性手段实施道德教育，以期通过外在的强制手段把受教育者的言行形塑成按某一道德期望标尺所预期的一些言行。斯宾塞特别重视自然惩罚对于道德训练的必要性。

（二）康德的道德义务论

1.康德道义论的道德终极标准

功利主义或快乐主义思想十分重视行为的发生（结果），属于主外派。康德的道德哲学则属于主内派，重视人的心灵、动机、意志，他说：

"一种行为的道德价值，非从行为所达到的目的而生，乃从决定此行为之规律而生。因此，行为的道德价值全赖于决定行为的意志原则，与欲望的任何对象无关……我们心目中所悬之行为目的，或行为所生的结果，不能赋予行动以无条件的道德价值……道德价值只能存在于意志的原则，不管行为所达到的目的。"[1]

实质上，在康德看来，行为的结果凭借外界条件来定是不确定的，唯有意志的参与全凭当事人自己的主观决定、意愿，才是无条件的，这是道德行为价值之所在。譬如商人童叟无欺的行为不能简单地看作是一种道德行为[2]，所以康德又说："一个善意之为善，非因其所生之结果，非因其能达到预想之目的，只因其为善之意向；其善在于本身……甚至如因时运不济，此意志不能达到其目的；如尽心竭力，毫无所成，善意之存在自若，正犹宝石之自己发生光辉，其本身具有其完全之价值。有结果与无结果对于此种价值是无所增损的。"[3]

可见康德对于善的理解关注于内心至善——意志与灵魂至善，而绝不是快乐主义的行为之善。

关于道德权威的观点。康德是个理性主义者，所以他反对道德经验对于德性的意义，反对道德制裁对于德性的价值。他认为，一切道德必须从诉求

---

[1] 康德.道德形而上学基础[M].孙少伟,译.北京:中国社会科学出版社,2009.
[2] 要分动机,如果是基于良心则是善的,若是基于利益的考量,则是恶的。
[3] 康德.论教育学[M].赵鹏,何兆武,译.上海:上海人民出版社,2005:25.

善良意志出发，基于当事人理性意志的自由选择来作出道德裁决，而不是在外界的强制下的不情愿决定。

实质上，一切道德权威本质上就是对普遍的道德规范、规律的理性自觉认可。

2.康德道德哲学对于教育的影响

康德认为，善存在于内心、义务。所以德性培育的关键在于训练心智、锤炼意志、陶冶情操，而不是简单地通过外界的制裁、惩罚养成习惯。

当然，由于儿童理性的不足，所以道德训练需要一定的强制手段作为制裁方式，但这也不是最理想的方法，因为一味地奖惩会助长人的利益观。所以他说："如儿童行恶即罚，行善即赏，将来行善，不免纯为求赏；如果入世后见行善未必得赏，为恶未必受罚，必定只顾个人的得计，行善行恶，以个人的利害为本。"[①]

康德提出了"人是目的"这一观点。所以康德强调的对道德规则的服膺，绝不是要人们奴性地服从，而是自觉自愿地服从。这种对道德规范的服从不是受制于他人、受他人摆布，而是最终形成一种理性的自觉选择。

### （三）杜威的道德哲学

1.杜威道德哲学的内容

①功利主义在道德的判断上注重于行为（结果），康德则注重于人的内心动机取向，可见这两种学说是完全对立的。杜威调和了功利主义和康德义务论学说，他基于实用主义哲学立场，主张道德行为是动机和结果的统一。

首先，杜威十分赞同康德的动机判断说，譬如一个人看见一个儿童落水立刻跳下去救，我们不管他是否救着，都判断他的行为是善。所以杜威说，"我们应该和康德同样，说道德价值不依赖所希望的对象的实现"[②]。

不过，杜威继续说："可是我们应该把这个人的道德价值看作是存在于某种事实，即他是以一种善的结果为目的。我们并不丢开目的论，我们赞许

---

① 康德.论教育学[M].赵鹏，何兆武，译.上海：上海人民出版社，2005：65.
② 杜威.伦理学[M].魏洪钟，译.上海：华东师范大学出版社，2020.

这个人，正因为其目的是善的。"①

这足见，杜威既不主张唯意志善良的道德判断说，也不主张纯目的、纯结果的道德判断说。所以一种比较完美的道德判断是：除看重动机外，也要兼具行为的结果。因为只一味追求存心来判断行为可能在形式上会沦落为道德虚无主义，因为许多人会以存心为理由来逃避现实中许多实际道德行为的选择。譬如，看到儿童落水，心存救人之心却不行动，实际上也是一种道德冷漠主义。现实中诸如此类的道德冷漠都是没有道德实践的表现，尽管他们心是善的。

所以杜威的道德学说综合了内心和行动：

"一个有意志的行为，总是行动主体趋于能生发出结果的、外表行动的一种倾向或习惯。一个单纯的、不生行动的动机不是一个真动机，因此也不是有意志的行动。从另一方面说，不是个人所愿望、选择和努力获得的结果，也不是一个有意志的行为的一部分。外部因素离开内部因素，或内部因素离开外部因素都没有一种有意志或道德的性质，前者只是一种感情或暂时的梦想，后者只是一种意外或偶然之事。"②

杜威鲜明地说出了他的道德判断理论："判断的对象，首先在于存心，在于预想的和希望的结果。最后在于使得一个人刚刚预想和希望这等结果，而非别的结果的倾向或特性。"③可见这种判断是品性、善良意志和行为的兼顾。

所以童叟无欺的结果有赖于存心的善良意志而不是基于商人图顾客的下次买卖考虑，这样的存心和无欺行为就是完美的道德行为。

②关于什么是善的问题。杜威认为康德所谓善即存心，善即服从道德律都有失偏颇，而功利主义的善即快乐也不完全中肯。他认为，善就是幸福，是欲望的满足，是大众欲望的实现。譬如渴者的欲望在于得到水，是喝饱了

---

① 杜威.伦理学[M].魏洪钟,译.上海：华东师范大学出版社,2020.
② 杜威.伦理学[M].魏洪钟,译.上海：华东师范大学出版社,2020.
③ 杜威.伦理学[M].魏洪钟,译.上海：华东师范大学出版社,2020.

水就幸福，不是因喝水而获得快乐。

③关于道德权威问题。杜威对康德道义论和功利主义利益论都做了批判，康德认为，之所以会有道德权威问题，乃在于感性之我和理性之我的冲突。感性之我关注于利益，理性之我关注于道德律、义务和良心，所以道德权威的建立关键在于破解心中的私利，立善良之意志。杜威认可康德"我"之理性意义，但纯粹"为义务而义务"、一味地强调"我"之本质的静态则是错误的、虚无的。事实上，道德环境总是在发生变化。所以，在现实中一味地要求"我"服膺于一成不变的一些道德定律，未必不会落个道德虚无主义的下场。所以杜威认为只有出自"我"之乐意、愿望的自我选择才有利于道德权威的建立。

当然，功利主义主张的循利而行或避害而行做法，即通过一系列强制、制裁来利诱或恐吓等并不能建立起道德权威。

2.杜威道德学说对于道德教育的影响

"教育应该造就发生实际事功的品格，我们不知道只是富于感情而不能行动的好好先生有什么用处，我们必须有在行动方面良善的品格。个人应该有表现他的意志和在生存的现实的冲突之下有以行为的力量。一言以蔽之，要具有品格的力量。"[①]

① 如是看来，杜威的道德教育目的意在达到道德主体的品行统一而不是康德所追寻的人之高尚品格的建立。

② 道德教育最佳的方案在于养成道德习惯。习惯的本质是道德主体将外在的道德要求、道德规范内化为无意识的自觉行为中。它不需要道德主体在面临道德选择时，作出严密的道德理性判断，即理性权衡道德行为的利弊后所采取的道德行动。它完全是道德主体的一种自觉果断的道德选择，并不掺杂犹豫、徘徊等道德心理，是道德主体完全无意识的道德选择。

---

① 杜威.伦理学[M].魏洪钟，译.上海：华东师范大学出版社，2020.

### 三、道德教育的有效原则

所谓道德教育，是指道德主体根据一定的社会目的，有组织有计划地对受教者施加系统的道德影响，使其形成相应的道德品质的整个过程。在道德教育的整个过程中，外在的"施加力"和内在的"相应力"达到融合，才会产生最佳的功效。通常，道德教育中，要遵循以下两个原则[①]。

1.心印原则

心心相印，教要用心，理要润心，才能唤起被教育者的心灵呼唤，启开受教育者的心扉。所谓心印原则，就是以不同年龄、不同身份的人的心理特征为根据，选择不同的形式和不同的重点内容，进行道德教育的原则。按照不同时期人的心理特征，组织不同重点的内容进行教育，才有可能易于被不同时期的人所理解和接受，因为人的"心理基地"才是教育的可接受性基地。

好奇心是儿童的心理特征。因为好奇的欲望才揭示了儿童智力成长的魔盖。发问是学习的开始，因此正确诱导儿童对各种"奇特世界"的辨认是对儿童进行道德教育必须考虑的原则。

好思是青年的心理特征。青年的思想是一匹无缰的骏马，它在追求，但不一定有正确的目标。因此，引导青年树立正确的理想，是道德教育的永恒主题。

好胜是中年人的心理特征。这一群体年富力强、不甘落伍、创建奇功，但要能正确处理荣誉与失误的关系。因此，正确对待同行、团结和谐、不求虚荣是中年道德修养的内容。

2.亲认原则

任何教育的效果性离不开了解受教育者承受教育的亲和力，他们认识水

---

① 参阅曾钊新.教育哲学断想录[M].长沙：中南工业大学出版社，2000：189.

平的差异，则构成了亲和力发挥的不同程度。因此，贯彻这个原则是指以不同年龄的人的认知水平为根据，采用不同的教育方式进行教育。道德教育的基本存在着以情动人、以形感人、以理导人和以境育人等多种方式。

这四种道德教育方式根据道德教育对象的不同而交替突出。例如，对儿童的教育以"形"为主，用崇高的形象使他们在接受具体知识中逐步学习道德品质；对于青年人，教育则以"情"为主，拨动他们的心弦、点燃他们的激情，使他们在情绪感染中提升高尚的道德品质；对于中年人，教育则以"理"为主，让他们在抽象中去理解道德的具体，在行动上自觉地做有德之人。

思考题：

1.我们教育生活中，哪些行为或规章制度是基于人性之善或人性之恶安排的？[①]

2.功利主义、康德道义论以及杜威道德哲学对于道德教育的认识有哪些主要差别？[②]

---

[①] 譬如，教学信任通常都是基于人性之善进行的，即教师相信学生的善良意志，信任学生能从善良意志出发。教学民主通常也是基于人性之善进行的，充分相信学生能管理好自己，给予学生充分的权利。学习自由更是基于人性之善出发的。教育中的独裁、体罚都是基于人性之恶出发的。加强对学生的思想控制也是基于人性之恶出发的。

[②] 功利主义主张道德教育最有效的方法在于外界的制裁、诱惑。在康德看来，道德教育在于养成善良意志，在于内心求善；在杜威看来，道德教育在于养成道德习惯，注重知行合一。

# 第四章 社会哲学与教育[①]

## 一、个人主义与教育

### （一）个人主义

1.个人主义的哲学发展演进

个人主义思想起源于古希腊安提西尼等犬儒主义哲学家，他们主张个人应该从一切社会组织中解放出来。斯多葛派和伊壁鸠鲁派主张离开一切社会牵累，以求个人人格的完成，均可以说具有个人主义倾向。

文艺复兴时期，拉伯雷、蒙田等人文主义者均主张个人从经院主义哲学中解放出来，主张张扬个性。

近代，卢梭是个人主义的典型代表。他所主张建立政府，其根源在于政府的终极目的在于保护个人权利，一切社会组织乃是个人的总和，也是为了个人的幸福，这便是个人主义理论的基础。尽管卢梭主张合理的社会组织以维护个人为目的，但是事实上，他一直是讴歌个人而厌恶社会的组织。"自然人是本身完全的，他是一个整数，是只与他自己或其同伴相关的绝对人。文明人只是一个依赖着分母的分数，他的价值存在于他和全体的关系，这全体就是社会组织。"[②]

近代个人主义表现在政治上即为民治主义。民治主义的着重点不是社会而是个人，"真正的民治主义乃是允许每个人发挥他最大限度的努力"。

在18世纪和19世纪上半叶，个人主义表现在经济上即为自由竞争——一

---

[①] 参阅吴俊升.教育哲学大纲[M].福州：福建教育出版社，2011：175.
[②] 参阅吴俊升.教育哲学大纲[M].福州：福建教育出版社，2011：175.

切凭个人自由竞争、自由订立契约,而政治法律只限于保证这种自由。

在道德哲学上,尼采是个人主义这个时期的典型代表。

个人主义发展到极端就是无政府主义。施帝纳和托尔斯泰是这种无政府个人主义的典型代表。在施帝纳看来,个人是原始的,社会只是个人的集合。"你们,我们便是他的身体。""自我,当其自觉时,嫌厌一切关联,甚至嫌厌一切的同列。他们不是统一体的器官,也不是同一机构的各部,他们绝不感觉彼此的连带关系。"①

当代罗尔斯、哈耶克等人的自由主义思想本质上也是个人主义的。罗尔斯认为,"人人享有平等的基本自由"是一个正义社会的基本要义。个人权利优先于社会利益——每个人都拥有一种基于正义的不可侵犯性,这种不可侵犯性即使以社会整体利益之名也不能逾越。因此正义否认为了一些人分享更大利益而剥夺另一些人的自由是正当的,不承认许多享受了较大利益者能绰绰有余地补偿少数人的牺牲。所以在一个正义的社会里,平等的公民自由是确定不移的,由正义所保障的权利决不受制于社会利益的权衡。②哈耶克更是主张政府无权基于社会正义的理由对个人的财产、收入进行分配。

2.个人主义对教育的影响

18世纪和19世纪上半叶,是个人主义思想的全盛时期,也是个人主义教育学说发展的鼎盛时期,这个时期的教育哲学基础普遍都以个人主义为基础。以卢梭、裴斯泰洛齐、黑格尔、福禄培尔和赫尔巴特为杰出代表。在涂尔干看来,康德、穆勒、赫尔巴特和斯宾塞都是主张"教育以发展个人之目的"的典型性代表人物,他们都主张教育的目标是个人发展。譬如,卢梭主张人的自然而然发展、主张脱离社会环境对人的毒害;斯宾塞主张以完满的个人生活为教育目标;赫尔巴特主张教育在于促进个人之德性的完成。

由于教育为个人而生,这就要求必须对人性进行了解,这在很大程度上促进了心理学的发展,由此心理学成为教育学发展的基础。

---

① 转引自吴俊升.教育哲学大纲[M].福州:福建教育出版社,2011:175.
② 何怀宏.公平的正义:解读罗尔斯的正义论.[M].济南:山东人民出版社,2002:82.

把教育看成是个人之事情，那么体现在教育方法上就是要尊重儿童的自由，其中一个方面是尽量减少社会对人的约束，所以卢梭眼中的爱弥儿所受的教育就是要避开社会对儿童的影响。

开始于19世纪末的新教育运动[①]，其部分代表性人物，如鲁克与休梅克，他们也都是典型的个人主义教育代表。他们提出了新教育运动的6个信条：以自由反制裁，以儿童作始反教师作始，以自由反被动，以儿童兴趣课程为基础，注重创造性的自我表现，人格发展与社会适应并重。

个人主义哲学不仅对美国有影响，在英国也影响很大。个人主义教育以伦敦大学的沛西·能最为典型代表。他认为，教育的目的在于"个人自主的发展""个性乃是生活的理想"，甚至还说，"最下等的生物也是自主的"。因此，沛西·能主张："进入人类的世界的，没有什么是善，除非是起于个别的男女的自由活动的，而教育的实施必须以此真理而规定。""每个人照着自己的方法进行生活的冒险并尽致其利的自由，乃是为自然所批准，并为理性所赞成的一个普遍理想。而其他理想的光辉只不过是这个理想的散光。这个自由是一切较高的善的本源，也是它们的条件。离开这个自由，义务没有意义、自我牺牲没有价值、权威没有制裁，这个自由的追求乃是我们的时代中许多狂热运动的本源。在教育方面，我们岂能采取一个比它低的理想，又岂能寻求一个比它更高的理想来当作我们的向往的目标？"[②]

## 二、社群主义与教育

### （一）社群主义

1.社群主义的发展

19世纪下半叶以来，在经济、政治、法律、道德、宗教、艺术等社会各

---

[①] 新教育运动始终受个人主义和社群主义两者的影响，时而趋向于社群主义，因而它注重社会目标的实现；时而趋向于个人主义，因而它有时注重于人的自由与个性。

[②] 沛西·能.教育原理[M].王承绪，等，译.北京：人民教育出版社，2005：121.

方面，均有一种新的价值立场，即抛弃18世纪以来的个人主义而从社会的角度来判断一切社会组织的价值与个人和社会的关系。法国学者勒鲁是最早使用"社群主义"这个名词的。

事实上，社群主义这个名词尽管起源于近代，但是它发端于古希腊。柏拉图的《理想国》、亚里士多德的《政治学》都蕴含着强烈的社群主义元素，而且强烈主张教育乃在于维护一个共同体利益而生的存在。众所周知，社会是基于成员一定良善美景所构建的共同体，而共同体是一个等价类存在物——它有共同的价值、共同的信仰、共同的规范、共同的利益追求。当然，在社会共同体内部，"其成员之间具有共同的价值认同和生活方式、共同的利益和需求，以及强烈的认同意识"需要教育来完成。在古希腊，从柏拉图到亚里士多德，他们诉诸教育培养城邦成员拥有"智慧""勇敢""节制""正义"四主德，以希冀每个成员各司其职，实现城邦国家这一共同体的长治久安。事实上，在古希腊圣贤思想中，通过教育培养城邦成员理性品质是教育的出发点和根本价值，而拥有理性品质是一种智慧美德，是城邦成员过上幸福生活的首要善。因而，在古希腊，教育并不是作为个人权利，而是作为一种城邦国家义务，助力"之所以要建立一个城邦，是因为我们每一个人不能单靠自己达到自足，我们需要许多东西"这一社会善而获得存在和发展的。

从19世纪开始，资本主义自由经济的发展带来了一系列社会问题。基于站在社会发展和人的发展角度，欧文、圣西门、傅立叶、马克思等人主张在经济方面，以社会干涉代替放任，以组织代替无组织，以社会全体利益代替个人利益。

孔德是社会学的创始人，他是社群主义的典型代表。"真正的个人是不存在的，只有人类才能存在，因为不管从哪一方面来看，我们个人的一切发展都亏着机会。假设'社会'的观念，在我们的心目中仍然是一个抽象，这首先由于旧式的哲学系统而起，因为实在说来，'个人'的观念才是一个抽象。"在孔德看来，个人人格正赖于社会生活而完成，离开社会生活，个人人格便将失去存在。

纳托普也有类似的见解。他说，"在事实上，个人是不存在的，因为人之所以成为人，是因为生在人群中，并且参加社会生活。""适当说来，个人只是一种抽象，正如物理学家的原子一般。"[1]孔德的后继者涂尔干也主张个人乃是社会的产物。"我们身心之中最好的部分，我们的活动之中最高的形式都是从社会而来。"涂尔干还认为，社会不仅是个人的集合，而且是真实的存在，"正如有生命的细胞，不同于组成细胞的无生命的原质的总和；而有机体本身也不同于组成有机体的细胞的总和；同理，社会也是另一种精神的存在体，有其特异的思想、感觉和行动的方式，与组织成社会的各个人不同"[2]。

杜威也是社群主义代表，他也反对卢梭的个人主义哲学立场，而主张社会是个人的集合，是一个真实的伦理存在体。"社会之为真实的整体，乃是常规，而群体之为离隔的个体的凑合，则为虚构。"[3]

2.道德的社会性

社群主义者往往从道德的社会性来谈论。所谓道德的社会性是指道德从来便是一定社会的产物，是对一定社会中的人和组织、团体所提出的行为要求和规范。由于社会所处的时期不同以及各个社会发展目标存在差异性，人们的道德行为也因此在道德理想、道德要求、道德规范上有差异。社群主义思想的基本要义是强调社会、共同体优先，集体利益优先于个人权利，个人仅只是社会的一分子，个人的存在和发展都是在实现社会发展这一大前提下才有了可能性和正当性。

纳托普说："德性本身是社会的事情，不是个人的事情。""道德的意识必然是社会的意识。"

凯兴斯泰纳说："个人的完成，义务、人格的最高尊严性存在于他的

---

[1] 转引自吴俊升.教育哲学大纲[M].福州：福建教育出版社，2011：185.
[2] 涂尔干.教育思想的演进[M].李康，译.北京：商务印书馆，2002.
[3] 杜威.伦理学[M].魏洪钟，译.上海：华东师范大学出版社，2020.

爱，存在于他的对于团体的牺牲。"涂尔干说："道德随团体生活而起，因为只有在团体生活中，忠诚与无所为而为，才获得意义。""个人对于自己的义务，实在即是对于社会的义务。""德性与社会性，最后分析起来，是同一的。"①

**（二）社群主义对于教育的影响**

社群主义对于教育的重大影响在于使教育的重心由个人移到社会。从而教育的目的、教育组织都发生了根本性的变化。

在教育目的上，凯兴斯泰纳认为，教育在于造就公民。"国家一切的教育制度只有一个目标，便是造就公民。"

纳托普认为，个人不可能成为教育的目的，"在教育目的决定方面，个人不具任何的教育价值。个人只不过是教育的原料，个人不能成为教育的目的。"当然，教育的目的必定是社会的，"教育的目的只是社会化，因为社会化而使一个民族的整个生活道德化"。他进一步说，"离开了社会，便没有教育的存在"②。贝格曼持类似观点。他认为，教育除了社会的目的以外，别无目的。"教育除了造就每个人使其乐于为社会而生活，并乐于贡献其最优的力量于人类生活的保存和改善之外，不能有别的目的。"

涂尔干认为教育目的是社会的，不是个人的。"教育绝不是以个人及其利益为唯一或主要的目标，它首先是社会用以不绝更新它自己的生存情况的方法。""教育在于使年轻人社会化"，"在我们每个人之中，造就一个社会的我，这便是教育的目的。"③

杜威在教育目的方面的主张，与其他理论家也是殊途同归，他也非常注重教育的社会目的。他对教育的个人目的化加以了批评，"离开参与社会生活，学校没有道德的结果，也没有目的。我们若把学校看作是一个独立的机关，便永远不得一个指导的原则，因为我们并没有目标，即教育目的，大家

---

① 转引自吴俊升. 教育哲学大纲[M]. 福州：福建教育出版社，2011：186.
② 转引自吴俊升. 教育哲学大纲[M]. 福州：福建教育出版社，2011：189.
③ 涂尔干. 教育思想的演进[M]. 李康，译. 北京：商务印书馆，2002：119-121.

常定义为'个人一切能力的和谐发展'。这个定义显然和社会生活不相干，却有人将其认为是一个适当而彻底的教育的定义。可是这个定义，如被看作不涉及社会关系，那么我们便无法说明这个定义中所用各个名词所指的是什么，我们不知道所谓能力是什么，同时也不知道和谐是什么。能力之为能力，唯有其功用而定。如其离开社会的功用，我们便只能求陈腐的能力心理学告诉我们何为能力。这些特殊能力，究竟是什么呢？"[1]在杜威看来，教育离开了社会，所谓的能力都是毫无意义的。换句话说，个人能力必须以社会功用为衡量标准。

社群主义教育学派不仅主张教育目的的社会性，还十分重视教育方法与教育组织的社会化。教育不仅在于促进社会，而且教育还要依赖社会来施行。这与个人主义哲学思想也截然不同，个人主义教育学派大多认为，既然教育在于个人自由，因而教育也可以离开社会环境来进行。社群主义教育学派认为，个人的成长需要放在适宜的社会环境中去培养。

纳托普说，"培养意志的主要方法，乃是社会。"因此，他主张把学校当作一个社会。

凯兴斯泰纳认为，"准备在国家中生活的公民的唯一的途径是在社会生活中活动"。

涂尔干也认为，学校的团体生活乃是使儿童委身社会最重要的一种力量。他说，"要学着爱好团体生活，必须在团体生活中生活，不但是观念想象上，而且要在实际上生活"。[2]

杜威主张学校社会化，教学方法社会化更为明显。"以社会为目的而实施的教育，其唯一的办法在于实践，即社会生活。学校唯有自身实现可以代表社会生活的种种情况，才能准备社会生活。否则它好像教人游泳却不入水。""学校应该成为雏形的社会，成为社会的缩影，而非同化于大社会的

---

[1] 杜威.民主主义与教育[M].王承绪,译.北京:人民教育出版社,2001:12.
[2] 涂尔干.教育思想的演进[M].李康,译.北京:商务印书馆,2002.

典型的作业和工作，便不能成为这样。"①

总之，教育以社会化为目的也以社会化为手段，这是社群主义思想在教育的根本反映。

**思考题：**

评价个人主义与社群主义两种教育哲学的利弊。

---

① 杜威.民主主义与教育[M].王承绪,译.北京：人民教育出版社,2001：12.

# 第二编　教育哲学的实践问题

# 第五章 教育正义（上）

## 一、正义理论发展

### （一）西方哲学思想正义观

#### 1.古代西方正义观

康德曾说："如果公正和正义缺失，那么人类就再也不值得在这个世界上生活了。"[①]罗尔斯也说过："假如正义荡然无存，人类在这个世界上生存还有什么价值？"[②]事实上，正义一直是人类追求的基本价值之一。人类大大小小的战争、政治运动、革命以及当代中国的改革其基本旨趣都与追寻正义基本价值相关，并成为人们生生不息为之努力、奋斗的精神动力。思想是时代之母，是时代的发声器，是以哲学命题形式表达时代重大问题。因而，关于正义，各个时代的不同思想家都赋予了其不同的哲学内涵表达。

正义观念最早出现在古希腊。英国哲学家罗素（Bertrand Russell）曾对古希腊的正义观念做了如下阐述："在哲学开始以前，希腊人就对宇宙有了一种理论，或者说感情——可以称之为宗教的或伦理的——每个人或每件事物都有着它的规定地位与规定职务。当然这并不是取决于宙斯的命令。因为宙斯本人也要服从这种统御着万物的法令。"[③]

---

① 康德.法的形而上学原理[M].沈叔平，译.上海：上海人民出版社，2005：165.
② 转引自何怀宏.公平的正义：解读罗尔斯的正义论[M].济南：山东人民出版社，2002：182.
③ 罗素.西方哲学史[M].何兆武，译.北京：商务印书馆，1963：154.

在梭伦看来，正义就是贵族和平民两个对立的双方都要抑制自己的欲望，"我拿着一只大盾，保护着双方，不让一方不公正地占优势"。可见，梭伦的正义观就是维护贵族和平民这一统治者和被统治者的平衡。

苏格拉底把过去的哲学彻底地从天上带到了人间。在他的思想中，正义不再是所谓的宇宙万物法则，而是支配人们行为的道德法则——正义是一种美德。作为一种美德，正义来源于知识和智慧，因而有知识和智慧的人总是做正义之事。"既然正义的事和其他美好的事都是道德的行为，很显然，正义的事和其他一切道德的行为，就都和智慧有关。"[①]

柏拉图的《理想国》始终围绕着"正义价值为理想国家题中之义"的逻辑而展开。他把智慧、勇敢、节制与正义看成是人之四大美德，而正义品质体现了所有美德的最高境界，而所谓的正义就是给每个人以恰如其分的报答——"正义就是只做自己的事而不兼做别人的事""正义就是用自己的东西干自己的事情。"[②]同时，柏拉图又从国家正义与个人正义两个层面作了具体阐述。国家正义在于各个阶层、各个集团各司其职，做好各自分内的事情，决不相互干涉，当然国家正义取决于个人之正义。所以柏拉图认为，正义之人在于理性、意志与欲望的和谐统一，这种和谐在于人有智慧、勇敢、节制三种美德的完美结合，哪一种美德在人身上过度或不及，人就失去了正义的可能。[③]

亚里士多德发展了柏拉图的正义理论。正义就是恰当的比例，这种恰当的比例，其基本内涵就是平等——"正义包含两个因素——事物和应该接受事物的人，相等的人就该配给到相等的事物"[④]。亚氏对正义理论的最大贡献体现在对正义类型的划分上。就形式而言，正义区分为普遍的正义和特

---

① 周辅成.西方伦理学名著选辑[M].北京：商务印书馆，1964：83.
② 柏拉图.理想国[M].郭斌和，张竹明，译.北京：商务印书馆，2002：154.
③ 为了做一个正义之人，成就正义国家之理想，柏拉图在《理想国》中，系统阐述了教育在培养人之正义品质的价值与使命。
④ 亚里士多德.政治学[M].吴寿彭，译.北京：商务印书馆，1965：148.

殊的正义。所谓普遍的正义是指政治上的正义，它要求全体社会成员都必须遵守成文的法律和不成文的道德法典。所谓特殊的正义则又分为分配的正义和矫正的正义。分配的正义是指基于人与人之间本质上的不平等而进行的政治权利、财富、收入、权力分配的不平等。这本质上强调的是等级性、阶级性不平等的合理性、正当性，它又称几何的分配正义。所谓矫正的正义是指经济交往中，制定契约中所遵循的平等原则，它强调交往中平等原则。就内容而言，正义有绝对的正义和相对的正义之分。所谓绝对的正义又称自然的正义，它不受时空限制，任何时候、任何场地都必须无条件地遵循的正义原则。譬如，"禁止无故杀人"就属于自然的正义。所谓相对的正义又称约定的正义，是人们相互协定的必须遵守的法则，这种正义会因时因地因差异性因素而不同。

伊壁鸠鲁是古希腊时期著名的哲学家，他基于正义要以快乐实用为价值取向，指出所谓的正义是维护人们的安全和利益而增进人们快乐的一种互利的制度约定——自然正义就是对人们的行为所作的一种相互约定，即不伤害别人也不受别人伤害。

奥古斯丁与阿奎那是基督教神学大师，他们从神学的角度发展了正义理论。奥古斯丁的正义理论基本范畴有：他用基督教的"信、爱、望"替代古希腊的"智慧""勇敢""节制""正义"——"信"就是对基督教的信仰，是"智慧"美德；"爱"就是对基督的至爱，体现在现实生活中就是忍受苦难，是"勇敢"美德；"望"就是对来世的期望，在现实生活中就是要放弃自己的利益欲求，是"节制"美德；对神谕的服从与听命就是"正义"美德。奥古斯丁同时将正义区分为个人正义和社会正义。所谓个人正义就是每一个人要尽其天职、听命上帝，社会正义就是下级服从上级，因而只有服从神谕的社会才是正义之社会。

阿奎那也是从神的价值立场来阐述正义理论的。他认为自然秩序与神的秩序是一致的，而自然法是上帝的永恒法的一部分。基于这一前提，他将正义划分为自然的正义和实在的正义。所谓自然的正义是指合乎神的意志和自然法的行为。实在的正义是指人们通过协商所达成的恰当，当然它从属于自然的正义，也就是说约定的法的正义性由自然法来裁定。"如果一件事情本身违反自然的正义，人类的意志就没法让它成为正义。譬如，如果法可以规定盗窃或通奸，它也不是正义的。"

总体而言，古代西方正义观游走于自然正义与约定正义两种价值间，正义总体经历了由天到人，由人到天的演绎过程。

2.近代西方正义观

文艺复兴的本质是人本主义，追求人的解放。这一思想的本质体现在正义观中就是强调正义的利益价值立场，反对正义的神性。但丁认为，正义和每个人的利益是联系的，正义是利益的推动者。格劳秀斯是近代自然法理论的创始人，他主张自然法应当建立在正义之基础上，一切自然法应遵守两条正义原则：一是各有其所有，二是各偿其所负。在他看来，正义意味着他人之物不得妄取，误取别人之物，就应当以原物和原物所产生的利益去偿还。

斯宾诺莎认为，在自然状态下，财产无公和私之分，因而也就不存在正义与非正义的观念。在社会状态下，财产由于有了公家和私人的区别，因而就有了正义和非正义的区别。所谓公正就是得其应得，所谓非公正就是占有非自己的东西——"在国家里面，每个人的财产是按照法律来确定的。把每个人自己东西归于每个人，就被称之为公正；如果企图将他人的东西占为己有，就被称之为不公正"[①]。

洛克认为，人的生命、健康、财产等自然权利神圣不可侵犯，因而正义就是对人的这些自然权利的肯定。洛克的正义观体现在政治实践中，就是主张一切立法和契约都必须以保护人们的自然权利为根本目的。为保证人们自然权利的不受侵犯（即正义的实践），最好的政治体制就是分权制。可见洛克是政治自由主义的奠基人。

卢梭探讨了正义的保障问题。他认为，正义首先来源于人的自爱心和怜

---

① 斯宾诺莎.政治论[M].冯炳昆,译.北京:商务印书馆,1999:22.

悯心，即正义源自人的道德良心；另一方面，正义来源于现实社会的法律，即理性。因此，每个人内心的道德良心的正义与国家法律规则的正义是实现理性的普遍的正义的两种途径。事实上，基于国家的正义观念，他主张当君主用个人意志代替公意而违背了人们契约建立国家的初心（国家因社会契约而产生）时，人们就要革命并推翻现行国家。

康德从法权义务角度阐述了正义思想。他认为，依法正当的东西，则被称为正义的；而依法不正当的东西，则被称为不正义的或非正义的。"按照外在的法则来看是正当的东西，就叫作正义的，若不然，就叫作不正义的。"[①]这是康德有关正义的最重要的说法。康德所谓的依法是指法权义务而非德性义务，"是否合乎法权义务是判断行为是否正当以及是否正义的标准，而法权义务说到底又是由外在的法则（法律）规定的"[②]。当然，康德声称"合法的就是正义的"，他所说的"合法"，并不等于合乎现存的法律。因为现存法律本身是否正当或正义，还需要从理性上加以审查。康德同时认为，自然状态中不存在公共的正义，"保护的正义""交换的正义""分配的正义"都是在法权状态下发生的。

黑格尔首先基于人的自由本质属性，认为自由、权利是正义的核心内容。当然，黑格尔所认同的权利是理性权利，而并不是卢梭、洛克所主张的"天赋人权"。同时，他立足于国家主义立场，主张个人自由要服从于国家权威，这是一种集体主义的正义观。

如果说近代西方在资产阶级革命之前，正义思想主要表征为每个人对天赋人权、自由的追寻，在资产阶级革命中，正义思想则主要体现为对自由、对社会秩序的维护，那么在资产阶级建立了革命政权后，正义思想则主要诉求于对效率的推崇。休谟、边沁等思想家就是该观点的典型代表。

休谟认为，正义与人的利益直接相关，"使每个人各得其应有物的一种

---

① 转引自舒远招.从义务论的角度看康德的正义思想[J].道德与文明，2019（1）：61.
② 舒远招.从义务论的角度看康德的正义思想[J].道德与文明，2019（1）：61.

恒常和永久的意志。"[1]而且，正义以公共利益为基础，建立于社会共同利益的需要。因为人性有自私的一面，为了维护全体成员的社会公共利益，促进社会的发展必须践行正义——"公共的效用是正义的唯一起源"[2]。他将人的美德分为自然美德与人为美德。所谓人为之德，是指因为社会需要而培育起来的一种非先验性的品质，它并非人之自然属性，"正义之所以是一种道德的德，只是因为它对于人类的福利有那样一种倾向，并且也只是为了达到那个目的而作出的一种人为的发明"[3]。正义是通过人为协定而生的，因而正义是一种人为之德。人尽管有同情心等自然美德，但是也有自私心等人性。而社会资源的有限性与人的自私自利是天然对立的，所以就需要后天的人为美德对这些自私人性加以约束，而正义恰好是人为美德的重要内容。

正义的价值主要体现于社会财富的分配关系上。"在人们缔结了戒取他人所有物的协议，并且每个人都获得了所有物的稳定以后，这时立刻就发生了正义和非正义的观念，也发生了财产权、权利和义务的观念。"[4]因此，财产权是一个道德问题，而且正义和财产权是互相依存的。

亚当·斯密基于人性和资本主义市场经济发展需要来阐述正义。主要思想有：正义、仁慈、谨慎。这是人的三大基本美德，具有这三种美德的人是完善之人。"按照完美的谨慎、严格的正义和合宜的仁慈这些准则去行事的人，可以说是具有完善的美德的人。"[5]同时，在此三种美德中，正义是最严密的、最确定的，具有外在的强制性，是客观的。正义的基本内涵是保障每个人的权利，即不相互损害或不损害他人，体现的是社会生活最基本的秩序需要。它具有普适性意义[6]，是支撑人类社会交往与发展最基本的道德要

---

[1] 休谟. 人性论[M]. 关文运, 译. 北京：商务印书馆，1980：567.
[2] 休谟. 人性论[M]. 关文运, 译. 北京：商务印书馆，1980：573.
[3] 休谟. 人性论[M]. 关文运, 译. 北京：商务印书馆，1980：619.
[4] 休谟. 人性论[M]. 关文运, 译. 北京：商务印书馆，1980：649.
[5] 亚当·斯密. 道德情操论[M]. 蒋自强，等，译. 北京：商务印书馆，1997：308.
[6] 在亚当·斯密看来，慷慨、施惠等美德并不是社会的基本美德，它是对有条件有能力的公民提出的更高要求，它并不是社会中的每个人必须有的基本道德。

求。"正义犹如支撑整个大厦的主要支柱,如果这根柱子松动的话,那么人类社会这个雄伟而巨大的建筑必然会在顷刻之间土崩瓦解。"[①] 没有正义,社会"会彻底毁掉,难以存在下去。"[②]正义要求"对其所属各阶级人民,应给予公正平等的待遇"[③],正义是衡量一个社会是否幸福最基本的尺度。亚当·斯密在《道德情操论》中进一步认为,必须让社会创造的大量财富真正分流到人民大众的手中,如此这样此社会才是符合道义的,才是正义的。永恒地追求自我利益是人的永恒本性,而正义起源于对人的自我利益保护的需要。因为正义的目的就在于防止相互损害和损害他人,而正义作为一种价值追求,需要法律与制度来保障。"最神圣的正义法律就是那些保护我们邻居的生活和人身安全的法律;其次是那些保护个人财产和所有权的法律;最后是那些保护所谓个人的权利或别人允诺归还他的东西的法律。"[④]

约翰·密尔是功利主义思想的集大成者,他基于保障社会与个人最大化权利与利益立场阐述了公平正义的思想。正义是幸福的本质内涵。幸福并非是行为者个人的幸福,而是利益相关者的幸福,促进他们的幸福是正当的(正义的)。"功利主义者以幸福为标准定行为之正当,并非指行为者自己的幸福,而是指一切相关的人的幸福。"[⑤]密尔反对抽象的、绝对的天赋人权观念。他基于人类福利立场,提出了与正义相关的五个权利:尊重、保护每个人的法定权利,即法律的公正;保护每个人从道德层面上应得的权利,即道德的公正;每个人应得其应有的权利,即报应的公正;每个人应履行契约之规定,即守信的公正;平等对待每个人,保护每个人应得的权利,即无私的公正。密尔还认为,平等是正义的根本原则。"平等观念往往在公道概念及它的实施上都算作一个成分,并且在许多人眼里,平等是公道的精

---

① 亚当·斯密. 道德情操论[M]. 蒋自强,等,译. 北京: 商务印书馆, 1997: 106.
② 亚当·斯密. 道德情操论[M]. 蒋自强,等,译. 北京: 商务印书馆, 1997: 106.
③ 亚当·斯密. 国民财富的性质和原因的研究(上卷)[M]. 郭大力,等,译. 北京: 商务印书馆, 1972: 211.
④ 亚当·斯密. 道德情操论[M]. 蒋自强,等,译. 北京: 商务印书馆, 1997: 103.
⑤ 约翰·密尔. 功利主义[M]. 唐钺,译. 北京: 商务印书馆: 1997: 11.

义。""假如应该给每个人以他所应得,以善报善,以恶报恶,那么,我们必须(假如没有更高的义务禁止我们)对于一切应受我们同等的好待遇的人给予同等的好待遇,社会必须对于一切应受社会同等好待遇的人(就是绝对地应受同等待遇的人)给予同等的好待遇。这是社会的分配的公道上的最高抽象标准。"[①]

3.西方现代正义观

进入19世纪上半叶以来,思想家对于正义命题的思考进入了全新的视角,这其中以马克思、叔本华等人为典型代表。

马克思正义思想的一个基本特点是主张从实践出发,以生产力发展和生产关系的变革为目的来阐述正义。他主张分配正义,前提是推翻资本主义剥削的生产方式,实现生产正义,才能实现社会的分配正义。总之,马克思的正义观念以生产实践为前提,反对抽象的正义命题,强调正义的实践性、历史性。"正义不是某种先验的价值观念存在于实践之前,而是社会生产方式的产物,是实践的产物。没有永恒的正义,正义是一定生产方式条件下的产物。"[②]其次,人始终是马克思正义观的出发点和落脚点,追寻正义的根本目的是为了每个人的自由、平等。"代替那存在着阶级和阶级对立的资产旧社会的,将是这样的一个联合体。在那里,每个人的自由发展是一切人自由发展的条件。"[③]马克思正义思想第三个最大特点为他是在批判他者之中来谈正义问题的。一方面,马克思批判了人本质的宗教性异化,而宗教的根除只能以未来共产主义人类正义的实现为前提。另一方面,马克思不满意青年黑格尔派在宗教中批判政治状况,并直接展开了对黑格尔法哲学的批判,发现了人本质的政治性异化及其君主制的不正义性,并且在黑格尔法哲学的君主与"群氓"的对立中提出了人民正义的观念。最后,马克思在人的劳动的异化中发现了人本质的经济性异化及其资本化不正义,提出了"消除劳动

---

[①] 约翰·密尔.功利主义[M].唐钺,译.北京:商务印书馆,1997:49.
[②] 冯颜利.基于生产方式批判的马克思正义思想[J].中国社会科学,2017:9.
[③] 马克思恩格斯选集(第1卷)[M].北京:人民出版社,1995:294.

异化及其资本化不正义,只能是在共产主义社会的按需分配中实现劳动正义"①。

叔本华的公正观是对近代理性主义正义观的扬弃。在他看来,人们对理性的迷崇是社会道德危机的根源。所以他对近代传统理性主义正义思想提出了批判,并立足于古希腊德性公正观阐释了自己的正义观。叔本华是唯意志论者,他继承了柏拉图的唯理论,认为世界的本原是意志,世界万物都是人的意志的客体化——"世界是我的意志"。意志是个人求得生存、发展的欲望与冲动,它是非理性的、盲目的,没有定向的——"意志在被认识到的时候,总能知道它欲求着什么;但决不知道它根本欲求什么。每一个活动都有一个目的,而整体的总欲求却没有目的"②。基于这种观点,他提出了公正、仁爱是人的两种元德,"仁爱和公正被称为元德,因为其他一切德行不仅是出自这两种德行,而且是能够从理论推导出来的。两者的根源出自于自然的同情"③。由于意志蕴含对他人欲求、需要的否定,因而所谓公正并不是积极意义的,而是消极意义的,即不要损害任何人——源自于同情的一种真正的、自觉自愿的、不去对他人施加损害的德性。"不公正或不义永远在于设法损害别人,所以不义的概念是积极的,并且是在正义概念之前的;正义概念则是消极的,仅仅表示无害于人的可行的行动,换句话说,所行并无不义之处。"④正因为公正是一种消极行为,因而它仅是初级程度的同情,所以公正行为并不是一种崇高行为,它在诸多美德价值系列中程度是较低的。叔本华认为,公正的实现不在于人的理性,而是通过意志本体的道德直观来实现的。⑤人通过意志直观到自身与他人的同一性,直观到"人与人之间的区别只是表象世界的幻觉而已,意志本体是构成一切事物的本质"⑥,

---

① 参阅陈雷.论马克思哲学批判中的三重正义观[J].浙江社会科学,2020(7).
② 叔本华.作为意志的表象的世界[M].石冲白,译.北京:商务印书馆,1982:236.
③ 叔本华.作为意志的表象的世界[M].石冲白,译.北京:商务印书馆,1982:508.
④ 叔本华.伦理学的两个基本问题[M].任立,译.北京:商务印书馆,1996:243.
⑤ 叔本华将直观认识分为三种,即直观的经验表象、直观的艺术理念和对意志本体的道德直观。
⑥ 叔本华.作为意志的表象的世界[M].石冲白,译.北京:商务印书馆,1982:501.

通过意志否定，达到主客二合一，消除或者削弱利己主义和仇恨的动机，于是公正的德性便得以实现。

斯宾塞基于生物进化角度，提出"人类的正义"是从"动物的正义""亚人类正义"进化而来，并认为人类的正义基本内涵在于善当善报，恶当恶报，该理论被称之为生物进化论伦理学。在人类所有的道德情感中，正义感是最基本的道德情感；他还将正义情感分为两类：一是体现客观社会要求的"利他主义正义情感"——它是维护人类群体生活所必需的一种公平公正的道德情感；二是体现人自身主观需要的"利己主义正义情感"，它是维护个体自我发展需要的一种自然情感。在两者关系上，要实现利他主义的正义情感则需要通过克制住纯粹的利己主义正义情感，而这关键取决于培养人的利他心和道德同情心。当然，建立利他主义的正义道德感是在充分尊重和发展个体的利己主义正义情感基础上才得以形成的。柏格森、摩尔等人也提出了自己的一些零碎的正义思想。

4.西方当代正义观

毫无异议，罗尔斯系当代研究正义思想的集大成者。他的《正义论》已成为20世纪的学术经典，被世人推崇为与洛克的《政府论》、密尔的《论自由》相并列的"自由民主传统的经典著作"。其主要思想有：

正义的主题是社会的基本结构，即正义的社会基本制度是对基本权利和义务进行分配，衡量一个社会是否良善的第一个基本准则就是社会以公平正义观能否进行有效调节与管理[1]。为此，他提出了正义是制度的首要美德——"正义是社会制度的首要价值，正如真理是思想体系的首要价值一样"[2]。他之所以如此强调正义是社会基本结构的首要善，是因为他认为：社会是每个人价值实现的基本载体，一个正义社会有助于每个人充分发挥自己的才能，促进自由的发展。他强调，制度正义的道德原则优先于个人对义

---

[1] 罗尔斯认为，良善社会的第二个主要标准是该社会是一个互惠互利的合作体系。当然罗尔斯认为，良善社会的两个主要标准价值是有先后性的，即正义价值优先于互惠互利价值。

[2] 罗尔斯.正义论[M].何怀宏，等，译.北京：中国社会科学出版社，1988：3.

务履行的道德要求。①当然，制度正义美德并不是制度的最高价值目标，它仅仅是底线美德或基本美德，一个和谐幸福的社会绝不可能仅以正义为最高价值追求。正义原则包括：一是社会基本善（自由、机会、财富、收入和自尊的基础）的平等分配——"每个人对与所有人拥有的充分恰当的平等的基本自由体系相容的类似自由体系都应有一种平等的权利"，即平等自由原则。二是机会均等原则和最少受惠者最大利益分配原则，即差别补偿原则。而且自由优先于效率原则和补偿原则。事实上，罗尔斯所强调的自由优先于效率，本质上就是正当对于善（结果）的优先性，是一种康德式义务论②。正义第一原则之"平等的自由原则"之"平等"是指自由或权利在制度、规范面前的平等或者说确定基本权利的制度与规范平等地适用于每一个人。然而，平等并不是份额和状态的平等，因为每个人由于自身天赋、出身条件以及运气等多种差异性因素，他们实现自由的手段是不同的，所以追求状态的平等必然会侵害其他人的自由。

每个人基本自由的平等性的正义内涵也意指个人权利优先于社会利益。在两个正义原则中，第一个正义原则具有词典式的优先次序，只有在满足并保障每个公民平等地享有基本自由的前提下才能满足第二个正义原则中社会利益的分配，绝不能因为较大的社会经济利益就去损害公民的基本自由。

差别补偿原则是正义的延伸内涵。每个人的基本自由是平等的，但实现自由的价值是不平等的，即同一种自由权利由于个体之间的差异性，与实现或运用这些自由权利达到某种"好"必然是不同的。换句话说，自由权利形式上的平等与自由权利结果上的不平等是矛盾的体现。正由于如此，正义的

---

① 罗尔斯认为，制度正义的道德原则包括两方面，一是关于基本权利的平等分配，二是对人们利益的分配，旨在实现分配的正义。个人履行义务的道德原则包括责任的履行，人们对一些自然义务的履行，如互助友爱、同情心，以及对正义制度的支持和服从的义务。不过前者要优先于后者，在一个非正义制度的社会环境中，人们是无法履行作为市民和公民的义务的。

② 正当与善是伦理学的两个基本概念，在伦理思想史上，有谁更具有价值优先性之争。功利主义认为，善（结果、目的）比手段是否正当更优先，这称之为目的论。康德等人认为，正当优先于结果，损害自由所换取的利益最大化等做法都没有价值意义，这称之为义务论。

差别补偿原则便有了形式逻辑的需要。

罗尔斯正义第二个原则的机会平等是机会公平平等，而不是传统意义上的机会形式上的平等；是在尊重所有机会平等开放前提下，减少所带来的实质结果的不平等差距；是通过国家干预机制来尽力减少因个人因素、社会因素所造成的不平等差距。

事实上，罗尔斯的第二个正义原则其本质属性是不平等原则。在他看来，由于每个人先天的差异性和后天努力程度的不同以及运气等各种偶然性因素，其结果必然是不平等的。罗尔斯是一个人本主义者，他根据自由的价值所带来的不平等提出了差别补偿原则。

罗尔斯是新自由主义代表性人物，他的正义观最终体现的是平等主义倾向，他的这一观点受到了同时期另一位自由主义代表人物诺奇克的质疑。诺奇克旗帜鲜明地反对罗尔斯的平等主义分配观念。他认为，这样的分配观念是对自由权利的损害，正义的核心要旨不是对财富和利益进行平等分配而是应该努力维护每个人的权利。基于自由权利的绝对优先性，他提出政府的职责是相当有限的，即维护每个人自由权利而不是去促成一种财富和利益的平等分配，所以他主张的正义政府是守夜式的有限权力政府。基于保护个人权利，他认为社会正义体现在获取财富、转让财富的过程中，所以他提出了持有获取的正义、转让的正义、矫正的正义三原则——"如果一个人按获取和转让的正义原则，或者按矫正原则对其所持有是有权利、有资格的，那他的持有就是正义的。如果每个人的持有都是正义的，那么持有的总体就是正义的。"① 由此可见，政府就是在财富获取资格、财产转让中保障它们的正义性，所以正义仅是一种程序。

罗尔斯、诺奇克等学者的正义思想均属于自由主义学派。同时期的桑德尔、沃尔泽、泰勒、麦金泰尔等人站在社群主义②角度提出了正义观。

---

① 罗伯特·诺奇克. 无政府、国家与乌托邦[M]. 何怀宏, 译. 北京: 中国社会科学出版社, 1991: 159.
② 社群主义以社群为本位, 强调共同的价值目标, 重视成员的协作和平等, 倡导社群利益高于个人利益, 倡导个人以服务于所在的社会利益为义务。

桑德尔是美国当代著名的哲学家，他的正义观主要体现于他在哈佛大学为本科生讲授公正问题而编制的教材《公正：该如何做是好？》中。在这本书中，桑德尔解释了功利主义的公正观、自由主义的公正观和德性主义的公正观的内涵。他认为边沁的古典功利主义、密尔的开明功利主义、帕累托的新经典功利主义的正义思想的一个基本内涵是善优先于正当，保障最大多数人的利益和幸福；以罗尔斯为代表的自由主义公正观的基本内涵是"公正是保障人们的自由选择"，个人的基本自由权利是绝对优先的。桑德尔的公正思想是建立在批判罗尔斯公正思想上的。他一方面肯定了自由主义思想的权利价值取向的意义，但另一方面他认为，政府在人们就各种善的竞争中保持一种独立的中立价值取向无疑是不可取的。他继承了亚里士多德的美德论，肯定美德在人们的生活中的重要作用，认为共同善优先于个人权利，正义在于内在善。

沃尔泽是一个社群主义者。他认为，社会正义的关键是社会利益或社会善的分配，当然对财富、收入等社会善的分配并不是依据于罗尔斯所倡导的差别补偿原则进行平等主义分配。具体而言，社会有许多领域，每个领域有其各自与其他不同领域的善。因而对于某一领域里的人不能利用本领域的善来谋求另一领域里的善，它反对支配，要求自主分配。正义要求每个领域都是自主的，因而要根据各自领域的原则来规范各自领域的生产和分配，也就是说全部社会没有统一的善的原则和正义原则。这就是沃尔泽所说的"复合平等的社会"。即（1）分配不是任意的，而是依据人们所共享的关于"善"是什么以及它们的用途何在的观念摹制出来的，即分配是由"善"的意义所决定的；（2）"善"的意义是产生于社群的文化背景（语境）当中的，即"善"的意义是由社群的文化背景（语境）所决定的；（3）以政治共同体为背景的社会是由不同的社群构成的，不同的社群因不同的时空条件而拥有不同的文化背景（语境）。由（1）（2）（3）推论得到：（4）不同的社群拥有不同的分配模式，即应该遵循不同的分配正义原则来对"善"进行分配。进一步来说，分配正义原则不是一元的而是多元的，所有的分配领域都应该坚持独立自主的根本分配标准来进行分配，而绝不允许出现跨界分配现象。一旦出现跨界分配的现象，分配就是不正义的。沃尔泽还认为，他的多元主义分配正义论所努力实现的正是一种"复合平等"的状态，而这种"复合平等"状态与罗尔斯等人所追求的"简单平等"状态是截然不同的。①

麦金太尔在《谁之正义？何种合理性？》一书中提出了一种根植于传统美德伦理的、社群优先的社群主义正义观。他认为，正义是一种品质、美德，即个人的公正、正直的品质——"作为德性的正义是用完美或卓越来界定的"，正义德性的意义贵在实践。麦金泰尔认为实践涉及两种利益：内在利益与外在利益。内在利益是实践活动自身所具有的"善"，它是实践最重要的意义，而它需要德性来促进的。"德性是一种获得性的人类品质，这种德性的拥有和践行，使我们能够获得实践的内在利益，缺乏这种德性，就无从获得这些利益。"②麦金泰尔是一个社群主义者。他认为，社会正义在于维护公共善，以公共利益为基本价值立场。当然，维护一种公共善并不在于外在规范的完美性，而在于人们内心有一种公共美德，"无论是在社会秩序中树立正义，还是在个体身上把正义作为一种美德树立起来，都要求人们实践各种美德。"③总体来说，麦金泰尔为了拯救"启蒙谋划的失败"及当代西方被物所役带来的道德危机，他在继承传统美德伦理基础上提出了以"德性正义"来对抗自由主义的"契约正义"。他认为，自由主义正义论的根本局限就在于忽视了人的道德德性对正义规则及人类社会生活的意义。因此，只有重提正义的德性，并在生活中践行这一德性才是挽救道德危机的根本出路。

西方正义理论内涵丰富，彰显出正义价值在思想家中的重要性，也折射

---

① 张晒."复合平等"还是"复合不平等"——对沃尔泽多元主义分配正义论的追问[J]. 华中科技大学学报社会科学版，2017(4)：43.
② 麦金太尔. 谁之正义？何种合理性？[M]. 万俊人，等，译. 北京：当代中国出版社，1996：56.
③ 麦金太尔. 谁之正义？何种合理性？[M]. 万俊人，等，译. 北京：当代中国出版社，1996：56.

出正义价值是西方人的永恒追求。

(二)中国传统思想正义观

在古代中国,"正义"一词最早出现在《荀子·正名》之中:"正利而为谓之事,正义而为谓之行。""正义"一词在传统文化中通常是分开使用的。《说文解字》云:"正,是也。从止,一以止。"按照今天的意思,它涉及积极与消极两个层面含义。守一是积极含义——"一"即标准,"守一"即把握标准、遵守规范及服从规则;"从止"是消极含义——即服从标准、规则。可见,古代之"正"一方面意在立规范、立标准,另一方面意在对偏离规范进行矫正。

"义"字在古代含义较多。《礼记·中庸》亦云:"义者,宜也。"《管子·心术上》中同样提到"义者,谓各处其宜也"。意思是行为处事要适宜、正当。"义"是公平公正,如《韩非子·解老》记载:"所谓直者,义必公正。"事实上,"义"主要是作为一种实践伦理原则来看待的。孔子说:"君子喻于义,小人喻于利。"(《论语·里仁》)"见义不为,无勇也。"(《论语·为政》)"君子之于天下也,无适也,无莫也,义之与比。"(《论语·里仁》)。这些都强调的是作为统治者为国治政要正当、做自己职责分内的事情,体现的是典型的政治伦理原则。总体来看,"正义"之含义在中国传统文化语境中有两层含义:一是,个体行为要恰当、正当,要按照正当原则行事,即行义;二是,为政要义。《论语·颜渊》载:"政者,正也。"它强调的是,从治国理政层面,统治者的政治行为要正当。

1.儒家正义观

儒家正义思想是以"仁"为核心概念的。从积极层面而言,就是要广施仁爱,"仁者爱人";要以忠诚为本,"事君,敬其事而后其食。""可以托六尺之孤,可以寄百里之命,临大节而不可夺也;君子人与,君子人也";要修身克己,"克己复礼""非礼勿视,非礼勿听,非礼勿言,非礼勿动""君子食无求饱,居无求安,敏于事而慎于言";要宽容待人,"人不知而不愠，不亦君子乎""不患人之不己知，患不知人也"。所有这些都是为"仁"之基本规定，是正义观念的基本内涵。同时，守"仁"还在于消极层面。待人要"己所不欲勿施于人"；处事要"讷于言""慎于言""不成人之恶"；为君要"不党""不争""不比""病无能焉，不病人不知己也"。这都是守"仁"须要否定的内容。

中庸也是儒家正义思想的重要概念。《中庸》对中庸的定义如下："喜怒哀乐之未发谓之中，发而皆中节谓之和。中也者，天下之大本也，和也者，天下之达道也。"意思就是人的内心在没有发生喜怒哀乐等等情绪时，称之为中。发生喜怒哀乐等等情绪时，始终用中的状态来节制情绪，就是和。中的状态即内心不受任何情绪的影响，保持平静、安宁、祥和的状态。而始终保持和的状态，不受情绪的影响和左右，则是天下最高明的道理。现实生活中，如今所谓的中庸就是不偏不倚，在实践中体现的就是适度的理性思维。在中华儒家传统文化中，中庸内含合理、和谐、平衡的伦理意蕴，程颐的解释是，"不偏之谓中，不倚之为庸。中者天下之正道，庸者天下之定理"。朱熹的解释是，"中者，不偏不倚，无过不及之名。庸，平常也"。

儒家的正义观念还体现于一种强烈的道义精神。儒家主张重义轻利，并以此作为"君子"与"小人"的区别所在。孔子说："君子义以为上。""君子喻于义，小人喻于利。""不义而富且贵，于我如浮云。""放于利而行，多怨。"同时，孔子还认为正义体现在尚"道"——"君子谋道不谋食""君子忧道不忧贫"。

2.道家的正义观念

以老子为代表的道家主张的正义思想首先体现于遵自然之道。老子的道是一种公正无私，对天地万物不偏不倚的自然规律，正因为这样，所以老子提出无论是君王还是臣子都应做到，"人法地，地法天，天法道，道法自然。"而所谓道法自然或者遵循自然规律的正义行为，就是要求君王做到"无为"——"道常无为而无不为"。

## 二、正义概念概述

### （一）正义的定义

如前所述，关于正义，自古至今不同思想家都赋予了它内涵。譬如，罗马法学家乌尔庇安认为，正义乃是使每个人获得其应得东西的永恒不变的意志。①

阿奎那说，正义就是给予每个人应得的事物的坚定和不变的意志。

穆勒说，公正就是每个人得到他应得的东西（利益或损害），而不公正则是每个人得到他不应得的利益或损害。

麦金泰尔说，正义是给每个人——包括给予者本人——应得的本分。②

从这些定义来看，正义内涵着一种行为的应当，不正义就是行为的不应当。所以普遍认为"善有善报，恶有恶报"就是一种正义。反之恶人如果得到善报，善人遭到恶报都是不正义的行为。

因此，柏拉图在《理想国》一书中说道，正义就是把善给予友人，把恶给予敌人。

问题是什么叫作应得或恰如其分？

事实上，给予应得实质上关涉的是一种关系，也就是说正义的行为必定是交换行为。同时，由于讲究应得或恰如其分，所以正义就是一种对等的交换。③

前面说过，正义交换的不仅是善还有恶，所以这样看来，正义就是一种对等的恶或善的交换。换句话说，正义就是对等的利益交换或对等的害的交换。

《圣经》将这些原则表述为：

若有伤害，就要以命偿命，以眼还眼，以牙还牙，以手还手，以脚还

---

① 博登海默. 法理学——法律哲学与法律方法 [M]. 北京：中国政法大学出版社，1999：253.
② 麦金太尔. 谁之正义？何种合理性？ [M]. 万俊人，等，译. 北京：当代中国出版社，1996：56.
③ 王海明. 公正与人道——国家治理道德原则体系 [M]. 北京：商务印书馆，2010：27.

脚，以烙还烙，以伤还伤，以打还打。

这就是等害交换。

《圣经》还说，你给我穿鞋，我就给你挠痒。

这是等利交换。

所以正义就是等利和等害的交换[①]。

## （二）正义的起因

在休谟看来，"正义只是起源于人的自私和有限的慷慨，以及自然为满足人类需要所准备的稀少的供应。"[②]

也就是说，休谟将正义的起源归于两个必要的条件：一个是客观条件——物质的有限性。的确，从平等性交换内涵来看，因为倘若物质极度丰富，可以满足每个人的物质需要，也就不存在需要遵守平等性的交换原则。正因为物质的有限性，所以平等利益原则是根本的道德原则，也就是交换的正义原则。另一个是主观条件——人的自利性。人性如果是完全利他性的，那么即使是在物质匮乏的条件下也不存在使用等量利益原则进行交换。他并不会计较于平等性，而只是关切于对方的需要性，所以正义与否的主观性要素在于人是否计较于自身利益的不受损害。

"正义起源于人类契约。这些契约的目的在于：解决人类心灵的某些性质和外界物品的情况相结合时所产生的某些困难。心灵的这些性质就是自利和有限的慷慨，而外界物品的情况则是它们易于交换，并且对于人类的需要和欲望是供不应求的事物。如果每个人对他人都充满仁爱之心，或者自然供应的物品能够丰富到满足我们一切需要和欲望，那么利益计较——它是公正原则存在的前提——便不存在了。现在，人们之间通行的有关财产及所有权的那些区别和限制也就不需要了。因此，人类的仁爱或自然的恩赐如果能够增进到足够的程度，就可以使公正原则毫无用处而代之以更崇高的美德和更

---

① 王海明. 公正与人道——国家治理道德原则体系[M]. 北京：商务印书馆，2010：19.

② 休谟. 人性论（下册）[M]. 关文运，译. 北京：商务印书馆，1980：569.

有益的祝福。"①

（三）公正的分类②

1.积极公正和消极公正

如前所述，公正就是等利或等害交换。对等利益的交换是积极的、肯定的行为，因而可称之为积极公正（奖励性公正）。现实生活中，人与人之间的利益交换大多是基于对等利益进行的。对等的害的交换是否定的、消极的行为，因而可称之为消极公正（惩罚性公正）。对于消极公正，亚里士多德在《伦理学》一书中说："倘若一个人打人，一个人被打；一个人杀人，一个人被杀，这样承受和行为之间就形成了不均等，于是就通过惩罚使其均等，或者剥夺其所得。"亚里士多德把这种等害交换称之为赔偿公正或者报复公正。

对于消极公正或者说报复公正，就其本身而言，它是一种恶。因为它是用不道德的损害去报复对方给予的不道德的损害，是以不道德对待不道德。但是，以不道德对付不道德，其结果是善的——一方面是对不道德行为的对等"回赠"，是一种等害交换；另一方面，这种方式类似于以恶制恶，结果能够有效防止更大恶的产生。譬如，杀人者偿命的道德原则就是报复公正原则，它对杀人者判处死刑可以抑制有可能产生的更大的恶。

所以功利主义代表人物穆勒说：

"一只眼还一只眼和一只牙还一只牙的报复率，是最强有力的原始而自然的公正情感。"

"报复的渴望不仅是理性的，而且有一种动物性的成分，这种渴望之所以强烈并且在道德上是正当的，就在于它能够带来一种极其重要而深刻的利益。这种利益就是安全，它在每个人的一切利益中无疑是至关重要的。"③

显然，在穆勒看来，对等的报复就是一种正当、道德的行为，是一种善。

---

① David Hume. A Treatise of Human Nature [M]. Oxford: The Clarendon Press, 1949: 199..
② 参阅王海明.公正与人道——国家治理道德原则体系[M].北京：商务印书馆，2010：35-37.
③ 约翰·斯图亚特·穆勒.功利主义[M].徐大建，译.北京：商务印书馆，2019：47.

总之，消极公正本质上就是以对等的害给予对方同等的损害，因而它属于一种报复公正。这种公正在许多人看来，它可以抑制住更大的恶，有利于社会的和谐、繁荣。所以，法拉格说：

"同等报复在人类头脑中撒下了正义思想的种子。"[1]

然而，在如今法制社会中，实施消极公正（报复公正）并不由私下的个人去进行，而是通过司法机构来实施。否则，漫无节制而冤冤相报，使社会和人们蒙受巨大的损害，如此便是恶的、不道德的行为了。

那根本公正是什么呢？

上面已经说了，等利交换是一种积极公正，绝大多数时候，人们之间的交换都是一种等利交换。相比较等害交换而言，等利交换（积极公正）要比等害交换（消极公正）更重要。

那么，问题的关键是，人们之间什么内容的交换才是最根本的呢？所谓最根本的交换，意指这些内容对人们的生存、发展是第一关键性影响因素。是财富吗？财富当然重要，问题是什么又保证财富不被他人任意占据呢？是生命吗？明显生命是不能用作交换的。谁能保障财富、谁能保证生命不被任意侵犯呢？

因此很显然，是人的权利。权利和义务是天生的一对，因为每个人拥有的权利是他人一种义务的承诺、付出，所以权利和义务的平等交换是最根本的、最核心的交换。也就是说，权利和义务的平等交换是最根本的公正。

所以功利主义大师穆勒说：

"公正观念的本质就是个人权利。"[2]

当代伦理学大师罗尔斯在《正义论》中进一步阐明：

"正义的主要问题是社会的基本结构，更确切地说，是分配基本权利和

---

[1] 拉法格. 思想起源论[M]. 王子野，译. 北京：生活·读书·新知三联书店，1978：67.
[2] Robert Maynard Hutchins ed.. Great Books of The Western World [M]. Volume 43. UTILITARIANISM, by John Stuart Mill, p.473.

义务的主要社会制度。"①

2.程序公正和实体公正

何谓程序？程序是指一项行为活动按一定的顺序、方式、步骤进行，具有一定的时空顺序。

所谓程序公正则是指行为过程的公正，因此程序公正可以称之为过程公正。由行为过程之公正所导致的结果之公正，我们称之为结果公正或者实体公正。譬如：

任何人不得做自己案件的法官；

应该听取双方当事人的意见；

有罪者受到定罪；

无罪者免受刑事追究。②

程序公正和实体公正是一种什么关系呢？

首先任何形式的程序或者说行为过程都是为了达到一定的结果，因此程序公正是一种手段公正或者说工具公正，公正的目的是为了一种结果的公正。所以说程序公正是手段，实体公正是目的。

任何手段、工具都是为一定的目的、结果而存在的，这样才具有价值意义，因此手段公正（程序公正）服务于实体公正，程序公正附属于实体公正。

问题是，程序公正就一定会导致实体公正吗？

程序公正并不一定能导致实体公正。譬如，"禁止侵犯个人隐私"显然是一条程序公正原则，但这条公正原则的运用却并不利于办案人员查明真相进而达到结果公正。事实上，这条程序公正原则在许多情况下保护了那些触犯了法律却还受到法律保护的人。

那么，既然程序公正并不一定能导致实体公正，甚至有时候成了实体公

---

① 罗尔斯.正义论[M].何怀宏，等，译.北京：中国社会科学出版社，1988：7.
② i.和ii.为程序公正；iii.和iv.为实体公正

正的阻碍因素，为什么我们还要重视它呢？[①]

事实上，从"禁止侵犯个人隐私"这条原则看，我们会发现，程序公正有其自身的独立价值，而不仅仅只是实体公正的手段。我们换一种思路，假如没有"禁止侵犯个人隐私"这条程序公正原则，那么人人都成了可以随意被国家机器的任意侵犯的对象，那岂不是对人的权利的一种肆意践踏吗？那哪还有社会公正可言！反过来，正因为有了这条程序公正原则，我们每个人的权利才受到了一定程度的保护，这才正义的根本所在。[②]

我们在教育活动中，为什么总是极力强调"禁止惩罚学生"？这不就是一条程序公正原则吗？其目的不就是为了保护每个学生吗？可能惩罚学生是为了让每个人学生发展得更好，但惩罚学生至少是一种对学生的人权、自由的肆意侵犯。所以，我们不得不认同程序公正具有它自身的独立价值。

综上看来，程序公正自身具有独立的价值，但程序公正并不一定能达到实体公正（当然在大多数情况下，程序公正能保证实体公正）。倘若程序公正与实体公正发生冲突时，程序公正应优先于实体公正。

对于程序公正和实体公正的关系，主要有两大流派：

一是程序工具主义。以边沁为代表，其主要思想是：程序公正与否并不重要，只要程序能达到结果就是正义的。事实上，边沁这一思想是功利主义思想的具体表达。"程序法的唯一正当目的，则为最大限度地实现实体法。"

在王海明先生看来，这种观念是错误的。程序法、程序公正并不是达到实体公正的手段，程序公正有自身的独立价值，其中一个价值就是保证程序的合道德性、合正当性。因此从这个意义上看，程序公正是独立的，甚至优先于实体公正。

二是程序本位主义。程序本位主义认为，程序即具有手段价值——可以达到某种结果；同时，程序具有内在价值或目的价值——程序公正必定导

---

[①] "禁止体罚学生"明显也是强调程序公正，这一程序公正并不能导致每个学生都能平等发展。

[②] 人人享有平等的权利是最根本的公正。

致实体公正。正因为程序公正是决定性的，所以实体公正是被决定的、派生的。

在王海明先生看来，程序本位主义也是错误的。前面已经说过，程序公正总体上能保证实体公正，但并非所有的程序公正就能保证实体公正。

（四）公正的总原则[①]

前面已经说过，公正关涉的是等利（等害）的交换行为。事实上，人的行为分为两大类：一是利害他人的行为；另一类是利害自己的行为。利害自己的行为无所谓公正与否，公正行为关涉的是关于他人的行为。

所以，王海明先生认为，一切等利或者等害他人的交换行为就是公正行为。这是公正的总原则[②]。

也就是说，一切公正行为是善的行为：等利交换的行为无疑是善的行为，同时等害交换的行为也是善的行为。

譬如你给我一拳，我给你一脚，属于一种等害交换行为，是一种善行为。但是，一切善的行为则并不是公正的行为。譬如，纯粹利己的行为就是一种善行，但由于它是一种关涉自己的利害行为而并没有关涉他人，所以这种善行并不是公正行为。

一切等利（等害）的行为都是公正行为，反过来，一切不等利（等害）的行为是否都是不公正行为呢？不等利（等害）的行为有四种类：

第一种是得小利而报答大利的不等利交换行为，以及无偿给予的不等利行为。这种不等利（等害）的行为显然不是一种恶行，而是一种善行，也就是我们所讲的仁爱，显然它不属于不公正行为。

第二种是尽管遭受了较大损害却并不予以报复的行为，或者尽管遭受了较大损害却只报复以小害的行为。譬如，只要求对方道歉，这种情况我们经常称之为宽恕。这种情况也属于不等利（等害）交换行为，也是一种善行，也不属于不公正行为。

---

① 参阅王海明. 公正与人道——国家治理道德原则体系[M]. 北京：商务印书馆，2010：53-70.

② 也可以称之为公正的定义。

第三种是受恩不报乃至恩将仇报，或者说得了大利却只报以小利的不等利交换行为。这是一种恶行，属于不公正行为。

第四种是遭受了小害却报以大害的不等害行为，这是一种恶行，也属于不公正行为。

所以王海明先生认为，不等利、不等害交换的行为如果是善行，譬如仁爱、宽恕等则并不是一种不公正行为。只有不等利、不等害交换的行为而且是恶行，才属于不公正行为。

（五）公正的根本道德原则：权利和义务的平等交换[①]

1.权利

前面已经说过，社会是一个利益合作体系[②]。在这个利益合作体系中，一方面，我为他人，即我为社会和他人付出、贡献。另一方面，他人为我，即我从社会和他人中得到利益、需要。按照前面公正的概念，如果我因为我的付出、贡献，而获得了社会、他人给予我的对等的利益，即实现了等量利益交换，这个社会就是公正的社会。

很显然，一个公正的社会，至少需要两个方面的平衡：

一是，我对社会、他人的贡献、付出；

二是，我因为我的贡献、付出，社会和他人应给予我相应的利益、回报。

事实上，我得到（索取）我应该得到的利益、回报，就是我的权利。我应该给社会和他人应当的贡献、付出，这就是我的义务。

权利显然是我从他人或社会中索取了一些利益，但难道所有的我的索取就是权利吗？我们来具体分析我对利益的索取的三种类型：

第一种类型：社会、他人必须给予但并不是应当的。譬如，我持枪去抢银行，在这种情况下，银行职员是必须给予我钱——利益——但银行职员给我的并不是应当的。

显然，这种索取并不是我的权利。

---

[①] 参阅王海明. 公正与人道——国家治理道德原则体系[M]. 商务印书馆, 2010: 53-70.
[②] 罗尔斯在《正义论》中强调社会是一个促进人们利益的合作体系。

第二种类型：社会和他人应当给但并不是必须给予。譬如，我因贫穷无法治病，社会和他人在道德上应当给予我帮助、救助，但这种索取并不是必需的，是不受权力保证的、法律保证的。

显然，这种索取也不是我的权利要求。

第三种类型：社会和他人应当给予且必须给予我的利益诉求。譬如，单位付给我加班工资；我受义务教育；我年迈时儿女对我的赡养。

我的这些利益索取一方面是合道德性的、是正当的，具有道德正价值；另一方面我的这些利益索取同时受到法律的保障或者说受到国家权力的保障，当这些利益所求没有得到兑现时，国家力量可以强制实施。

这种我应当且必须得到的利益、回报就是权利，由此可见权利概念的特点：

一是合道德性，是一种正当有效的诉求。

二是合法性，是受到法律、权力保障的利益诉求。

可见权利的本质是利益，是他人和社会应当且必须给予我的利益。

2.义务

义务和权利是一个铜板的两面，我的权利存在的前提是他人和社会对这些利益、索取的付出、贡献，如果没有他人和社会对我的付出和贡献，就没有我的权利。所以义务就是我对他人和社会的付出、贡献，或者说他人和社会对我的贡献、付出。

难道所有的贡献、付出就是义务吗？事实上，如果以我为行为主体，那么我的付出、贡献也同样可以分为三种类型：

一是必须付出但并不是应当的。譬如，我是银行的一名职员，强盗拿枪抢劫我，在这种情况下，我必须得给，但给了却是不应当的。所以一个叫哈特的学者说，很明显，在持枪抢劫的情景中是找不到义务的。[①]

二是应当给但并不是必须付出。譬如见义勇为、慷慨解囊的义举。

显然，这种情形并不是义务，这仅只是罗尔斯所讲的一种分外善行。

---

① 哈特.法律的概念[M].张文显，等，译.北京：中国百科全书出版社，1996：87.

罗尔斯说："引人入胜的分外善行也属于允许的行为。这些行为有仁爱、怜悯、英勇的壮举和自我牺牲等。这些行为是善的，但它并非一个人的义务或责任。"①

三是应当给且也必须付出。譬如赡养父母、纳税、服兵役等。

这属于义务。总之，权利是应当且也必须得到的利益，义务则是应当且也必须付出的利益，可见义务的概念是颠倒过来的权利概念。

3.公正的根本原则体现在权利和义务的平等交换中

（1）一个人所享有的权利和他人所践行的义务是必然相关的

前面已经说过，权利是应当且受到法律保障的利益、索取或要求，事实上任何人的这些利益、要求——权利都是社会、他人给予的，而这些利益、要求来自他人、社会应当且受到法律保障的付出、贡献，即义务。

所以任何人所享有的权利必然与他人或社会所履行的义务相关联。换句话说，任何人所享有的权利来自他人、社会履行的义务。如果说权利是一种利益的索取，那么这些利益的索取的源泉则在于对方、社会付出了这些利益、贡献了这些利益。缺失了对方、社会的义务担当——作出贡献、付出利益，则就无所谓权利——索取利益了。

所以马克思说：没有无义务的权利，也没有无权利的义务。

事实上，权利和义务就是同一种利益存在于不同的人际关系中。譬如，"雇佣的工人有得到工资的权利"，这句话也可以说成"老板有支付给工人工资的义务"。所以霍布豪斯说："同一种权益，对于应得者叫作权利，对于应付者叫作义务。"②

（2）一个人所享有的权利与他所履行的义务有道德相关性

前面已经说过，一个人所享有的权利是他人在履行着义务。这就意味着，一个人要享有权利就得履行对他人、社会的义务。即一个人享有的权利应该是对他所履行的义务的平等交换，因为每个人所享有的权利都是别人、

---

① 罗尔斯.正义论[M].何怀宏,等,译.北京：中国社会科学出版社,1988：100.
② 霍布豪斯.正义的要素[M].孔兆政,译.长春：吉林人民出版社,2006：22.

社会在付出相应的利益或者说在履行义务。在一个社会里，如果一部分人只享有权利而不履行相应的义务，则必定意味着其他人只履行义务而没有享有相应的权利。权利和义务的关系在本质上是一种利益的交换。很显然，只享有权利不承担义务或者只履行义务没有相应权利的关系是一种利益的不平等交换，因而是不公正的交换关系，这样的社会就是一个不公正的社会。譬如，在专制社会，剥削者只享有权利——一味地向他人和社会索取，而不履行着对等的义务，显然是一个不公正的社会。

在一个公平、公正的社会里，每个人在享有权利的同时必定也要履行着对等的义务。这才具有道德价值。

（3）一个人所享有的权利和他所履行的义务应该相等，当然也至多相等

权利和义务本质上是同一利益在不同的人际关系中的交换，这种利益的对等交换就是一种公正行为。所以，在一个公正的社会里，一个人所享有的权利和他所履行的义务是一种平等的交换，即一个人所享有的权利和他所履行的义务应该相等。

黑格尔在这方面做了精辟的阐发："一个人负有多少义务，就享有多少权利；他享有多少权利也就负有多少义务。"[①]人所享有的权利和所履行的义务并非是他们自由选择的结果，每个人的权利和负有的义务是国家分配的，这进一步说明了在一个公正的社会里，人所享有的权利和他所负有的义务的平等关系。反过来，在一个社会，如果人所享有的权利和他所负有的义务出于不平等关系，那么这个社会则是不公正的社会。譬如，在专制社会中，只有一部分人享有着其他人不曾有的受教育的权利，然而这部分人并没有履行好相应的义务，如为老百姓服务等。事实上，他们所享有的教育资源都是由老百姓付出的，即老百姓履行着义务。

事实上，一个人所享有的权利和所履行的义务有三种情况：

一是所享有的权利多于所履行的义务；

---

① 黑格尔.法哲学原理[M].范杨,译.北京:商务印书馆,1961:652.

二是所享有的权利少于所履行的义务；

三是所享有的权利等于所履行的义务。

对于第一种和第二种，它们是一种不公正行为；对于第三种，是一种公正行为。

### （六）社会公正根本原则：贡献原则[①]

前面已经论述过，公正原则要求社会分配给每个人的权利和义务应该相等，如果一个人享有的权利多于或少于所负有的义务都是不公正行为。现在的问题是，一个人该享有权利的多少应依据什么？也就是纯粹说一个人享有的权利和义务应该相等固然是对的，但并不完善，因为它没有确定。

那究竟依据什么来分配人的权利呢？

贡献是分配人的权利的依据。换句话说，社会应依据每个人对社会的贡献大小来分配权利，基于这种前提条件下，每个人享有的权利和负有的义务相等。

这一观点可以从许多思想家那得到确证。譬如：

圣西门说，使每个社会成员按其贡献的大小，各自得到最大的富裕和福利[②]。

阿德勒说，根据每个人对大家合作生产的全部财富所做出的贡献进行分配。

为什么权利应依据贡献大小来进行分配呢？（想想能否依据其他标准能进行权利分配？）

首先要从权利和义务的概念分析。权利是应当且受到法律保障所得的利益索取，义务是应当且受到法律保障所该要的付出、贡献。在通常情况下，我们都要先做出贡献才能讲索取，即贡献在先，索取在后。社会的正常发展总是先讲贡献再谈索取的。因此从这个角度看，权利作为一种索取应滞后于贡献，或者说每个人享有的权利总是根据其贡献大小来分配的。

其二，社会是一个利益共同体，是人的利益合作体系——社会因每个

---

① 参阅王海明. 公正与人道——国家治理道德原则体系[M]. 北京：商务印书馆，2010：157-176.

② 圣西门选集[M]. 董果良，译. 北京：商务印书馆，1982：293.

人有利益交换的需求才建立，社会因满足人的利益交换而获得价值。正是这样，所以社会要求人对社会做出贡献——奉献出自己的利益，这样他人才有可能获取利益（权利）。事实上，这一原则对每个人都是一视同仁的。所以从社会存在发展的角度来看，只有依据贡献进行分配权利才是应当的。相反，如果每个人都先得利益（权利），那么没有他人的付出（贡献），权利又从何而来？

现实中人的权利大小按其潜在贡献原则进行分配。

尽管我们总是强调贡献在前，享有（权利）在后。然而在现实中，许多重要的权利如职务、地位、权力总是先于贡献而获得的。譬如，诸葛亮、韩信等人是先有权利然后才有对社会较大贡献的。这又到底是怎么回事呢？原来这是根据人的潜在贡献原则来分配权利的。而这种潜在贡献原则依据的是人的才和德来分配的，也就是人们相信这些人所表现出的才能和品性预期能对社会、组织起到其他人所不可能起到的贡献。

我们事实上可以这样认为，对现实权利的分配既要依据现实的贡献又要依据他们未来的潜在贡献来分配，对于一项预期社会效益（贡献）而言，往往是这样来分配权利的。

如今，社会对权利的分配不再是依据人的出身而是他（她）有可能对社会的潜在贡献大小来分配权利。譬如，今天的社会、国家越来越重视学生的权利——国家重视对教育资源的投入、国家强调要求从学生的角度去考虑教学等等——都是重视加强学生权利的表现。之所以这样，最深刻的根源就是基于期望学生未来对社会、国家有更大的贡献的角度来考虑的，而这种潜在的贡献则依赖于重视学生的能力和品德的培养。

**思考题：**

我们教育教学中首要的程序公正是什么？[1]

---

[1] 我们在教育中首先是强调程序公正的，如平等对待学生本身首先强调的是程序公正。而且，这一程序公正并不一定促进每个学生德智体美的和谐发展。

# 第六章 教育正义（下）[①]

## 一、正义是教育追寻的最核心的、最普遍的价值

在任何一个社会里，总是存在着诸多的不平等关系，如政治关系、经济关系、教育关系等。因而，追寻正义成了社会变革最重要的目标。[②]在社会现实生活实践中，正义已成为处理诸多问题，如不平等关系的重要理念甚至是优先理念，正义也因此成为社会各个领域的价值诉求。

什么是正义？在伦理的层面上看，正义涉及合理地、正当地对待人的问题，主要指涉制度中的人的权利和义务的统一性，以及对社会一些基本的善事物的公平、公正分配的份额。总之，正义既体现于各项制度的安排中，也呈现于社会各项实践行为中。

（正义的社会价值意义）政治共同体的现实目标是建构文明、和谐、道德、有序的良善社会，而正义是建立法制体系、社会制度、教育制度、经济制度不可或缺的价值基础或价值原则。换句话说，正义原则应当是各项制度优先选择的理念，任何制度的安排都必须优先体现出公平、公正的理念，因为正义既是政治的理想又是政治实践的奠基。在任何一个社会，政治制度、社会、个体如何理解正义，如何实践正义，决定了这个共同体的公共生活的

---

[①] 此部分内容参阅金生鈜. 教育与正义——教育正义的哲学想象[M]. 福州：福建教育出版社，2012.
[②] 罗尔斯认为正义是社会基本结构首要的德性，正像真理是思想体系的首要德性一样。由此看来，某些法律和制度包括一切教育制度，不管它们形式上如何完备、如何有效，只要它们不正义，就必须加以改造或废除。参阅罗尔斯. 正义论[M]. 何怀宏，等，译. 北京：中国社会科学出版社，1988.

品质。

为什么呢？正义直接指向于人的基本权利的保障，它是人类最基本的实在善[1]，这种实在善以促进共同体的公共福祉为根本旨归，因而它标示了人类普遍的价值利益。每个人都生而拥有平等的基本权利，正义作为一种最基本的实在善是保证这些基本权利实现的前提和保障，也是每个人过上美善生活的根本条件。[2]

（教育正义的社会价值意义）教育正义与社会正义一样，都属于正义的范围之内，当然教育正义主要存在于教育自己的领域，但是它表征了社会的许多正义，因而教育正义是促进社会正义的主要方式，同时教育正义也是社会正义的最重要的一部分。倘若教育不正义，则不能说社会是正义的。因为教育无论是教育制度、教育结构的设计和安排，抑或是教育的各项行为，它们都像政治一样属于一种公共事务或公共实践，都是公共生活的极其重要的组成部分，它们都直接或间接地指向于人的公共福祉。

（教育正义对于个体的价值意义）教育担负着培养学生理性、德性、个性发展的重任，完成这项光荣和神圣的责任则必当诉求于教育正义的实现，因为教育正义的目的直接指向于学生的自由而全面发展。前面已经说过，教育正义涉及两个方面：一方面正义关乎学生的自由权利的保障，这些基本的自由权利保障必须诉求于那些正义的制度、正义的规则。倘若制度和规则的安排设计是非合理的、非正义的，学生的基本自由权利则会被剥夺。另一方面，教育正义关乎教育中基本善事物的公平、平等分配。每个人拥有的平等受教育机会、教育资源、教育条件是学生健康、自由成长的根本前提。如果

---

[1] 善有实在善和显在善之分，实在善本身就是善的事物，不管人们是否欲求，它们都有善的特性，机会、收入、自由、正义都属于实在善；显在善本身并没有善的特性，只有显现为人们所欲求的对象时候才是善的。参阅阿德勒. 六大观念[M]. 郗庆华，等，译. 北京：生活·读书·新知三联书店，1998.

[2] 美善生活（the good life）是哲学、伦理学、政治学、教育学的一个关键概念，这是因为政治、教育、伦理只有指向于美善生活才是合理的。换句话说，人类的政治、教育、伦理道德实践只有以合理性的方式创造美善生活才是合理的，否则，这种政治、教育、伦理都是恶的，没有存在的合理性因素。

教育做不到正义，按照不公平、不公正的原则或者其他原则如效率原则来处置教育中最基本的教育资源、机会、条件，那么势必对那些弱势的学生群体是一种巨大的不正义。

（总结：教育正义是教育实践的一个本质性的构成原则）教育正义是一种普遍的价值。任何一个社会可能存在着对教育实践的诸多理论和解释，也可能存在着诸多的观念和意见。如对教育价值取向理解的差异性，这本身体现了教育实践作为一种公共事务的多样性和不可统一性。因而，也就没有一种能统摄一切教育行为和实践的思想和主张。不过不管哪一种教育思想，都要接受教育正义的考量，也就是教育正义是衡量教育的思想、观念和理念合理性与否的一个最高依据。我们所提出的任何向善的教育主张、理念理所当然地应以追寻教育正义为重要的组成部分，倘若有某种教育观念、教育价值取向及其教育实践违背了教育正义原则，那么这种教育观念则是恶的，是不符合教育的道德伦理的，因而也是必须摒弃的。

总之，教育正义是教育的根本价值之一。因为正义涉及教育制度与教育实践道德地对待每一个人的方式，因为正义保证了每一个学生展现自己的尊严和价值，在促进每一个学生发展他们各自理性、德性、个性各方面的同时创造了一个伦理的教育环境。由此看来，正义是"好"的教育的重要基础，也是"好"的教育的重要组成部分。[①]

正义的教育为人性向善、精神卓越的发展提供一种基本保证，好的教育一定是基于人性的，且营造的是一种正义的教育秩序；而正义的教育能够使受教育者依据其自然本性实现人性的优秀和道德的卓越。

## 二、教育正义的范围

教育正义关联每一个人的基本权利，如受教育权等制度理念；关联受教

---

[①] 柏拉图认为，一种好的教育，他就必须在各个方面都显现出力量，使我们的身心尽可能是美好的。参阅柏拉图. 理想国[M]. 郭斌和, 张竹明, 译. 北京: 商务印书馆, 2002.

育者教育利益，如教育资源、教育机会、教育条件等教育基本善事物的公平公正分配原则；也关联每一个受教育者正当合理地的行为原则。

总之，教育正义不仅指向于在对教育基本结构、教育基本制度进行设计时，在政策、措施以及教育实践行为中对受教育者的道德正当，而且也必须对教育中教育者的言行进行道德约束；不仅指向于教育制度的内容和实践方式的正当，也指向于教育中集体和个人行为的道德正当。

教育正义不是基于政治和教育的某种仁慈或善心，而是基于人的自由全面发展需要，基于教育要促进人的生命质量提升的使命使然，因而对于国家、社会、学校、教育工作者而言，实践教育正义是一种最基本的道德义务与制度要求。

何谓正当？正当就是言行在道德上的合宜、合理。教育正当地对待每一个人，表现为合价值地、合道德地形成教育与人的交往关系，促进人自由而全面发展，这是教育正义的根本内涵。道德地对待人就是要以人为目的而不是把人当作实现某种目的和利益的一种工具与手段。

教育正义包含教育行动的正义和教育分配的正义等两个基本方面。

教育行动的正义至少包括教育者在对待受教育者时言行与态度方面的道德合宜，而不戴有色眼镜歧视甚至伤害"异类"，以及教育制度关涉的教育内容、教育政策、教育程序、教育方法等方面的道德正当，也包括教育机构在管理与行为中公平公正地对待每一个受教育者——在教育行动上正当地对待每一个受教育者是教育制度、教育机构、教育工作者不可推卸的道德义务。

教育行动的正义具体可从两个方面进行分析：积极层面的正当对待与消极层面的正当对待。

所谓积极层面的正当对待是指教育者在教育中应当对每一个受教育者予以积极关注、引导、鼓励、关爱、赏识、帮助、支持、激励等。这是教育实现价值目的，促进受教育者健康成长的基本教育方式。

所谓消极层面的正当对待是指教育者在教育言行中坚决拒绝以麻木不仁、冷嘲热讽、压制、歧视等非人道、不道德的行为对待受教育者。具体而言，就是要拒绝具有非善意的、不道德的态度和行为，消除僭越受教育者的各项基本权利的行为发生。这是教育行为的伦理底线。

教育正义或教育正当对待的一个内容就是教育分配的正义。教育分配指对包括教育机会、教育资源、教育条件等教育基本善事物的公平分配。对于教育而言，这些教育基本善事物的公平分配已经成为教育合法性最重要的表征。因此，正义分配意味着教育如何公平公正地对待每一个受教者。

总之，实现教育行动的正义和教育分配的正义是教育，包括教育机构、教育制度、教育者的道德性义务。所谓道德性义务就是出自教育本身性质而具有的道德担当，因此教育正义是教育的道德性义务，这就意味着提供教育的主体如教育机构、制度、教育者要实现具有正义价值的行动。倘若这些行动不具有正义的属性，则教育就没有履行道德义务，从而这种教育的存在必定会遭到合理性的质疑。

## 三、教育正义关联个人幸福与公共福祉

### （一）教育正义关联个人幸福

个人幸福是个人生活有价值的状态。幸福是一种生活方式，它存在于自己有价值的生活之中，幸福的生活不是他人所能赐予的。[①]

个人幸福[②]或个人福祉涉及两个方面：一是个人努力实现的生活价值和努力成为他所希望的人，而且这种努力的过程能得以顺利进行；另一方面，主体在这一过程中的心灵状态和感受——一个人能够利用有利条件、运用自己的智慧，能够成功地实施对自己生活价值的判断和选择、有能力对自己的生活前景进行判断、实践对自己生活的期望，于是心灵获得了意义感，这就是幸福的。幸福也就是对生活的环境条件和自己的生活理想以及生活过程的

---

[①] 亚里士多德认为，幸福包括美德以及适当的外在善如收入、财富和内在善，如智慧、知识。参阅亚里士多德. 尼各马可伦理学 [M]. 廖申白, 译. 北京: 商务印书馆, 2003.

[②] 幸福就是过一种理性所及的理想生活。

问题做出的积极且有价值的回应或行动,从而使得自己在心灵上感受到自我的价值感、目的感和意义感。

从这个意义上看,个人幸福的获得与环境条件及其个人心灵的影响都具有重要的关联。

先谈环境条件:环境条件构成了个人幸福的必需因素。个人追求生活理想所需要的生活资源、个体精神成长和人性的卓越发展所需要的教育资源以及个人和他人、社会之间的交往关系的品质和性质都影响着人的生活前景,影响着个人对有价值的生活的选择、制约着个人的生活目的和实践,影响着个体生活过程中的心灵感受和精神风貌。

什么样的环境条件制约人的生活幸福感呢?个人幸福的实现有赖于外在善事物,而对于外在善事物的分配则涉及社会的正义问题。正义的社会、制度以对外在善事物的公平、公正分配为旨归。事实上,每个人在具体的生活境遇中,社会所提供的促进个人福祉的许多外在善可能是不平等的,这些不平等的分配恰恰是社会基本制度的不正义造成的,这些善事物的不正义的分配是个体幸福指数不高的一个主要原因。

具体到教育而言,它在三个方面促进个人幸福。

一方面,教育的目的和内容关涉个人当前生活幸福和未来生活幸福。因为教育的目的是促进人的自由发展还是把人当作获利工具,这关乎人对美善生活的判断与选择,乃至对人的发展前景都有着重要的意义。教育内容的选择和组织是否以促进人性的卓越成长、理性能力的提升为目的也必然影响着个体为自己美善生活所具有的可行性能力的判断,这当然也是影响个人幸福的重要因素。

另一方面,教育的实践行为是影响个人幸福的重要因素。教育机构、教育者在教育生活实践中公平、正当、平等地对待每一个受教育者以及对受教育采取有效激励措施都是提高个人福祉的积极因素。

第三,教育资源、机会、条件的分配方式也是影响个人福祉的重要因素,影响着人的可行性能力。个人福祉的实现与个人的才能和能力是一种正相关关系。我们把这些才能和能力看作是提高幸福指数的可行性能力或实质自由[1]。人的可行性能力主要是在教育实践中获得的：一方面如果人缺离了教育条件的支持，个人的可行性能力则无从获得发展；另一方面，教育实践中的方式会影响着个体的可行性能力发展的范围和程度。教育机构、教育制度、教师是否平等地对待每一个学生，必然影响着学生对发展自身能力的认可程度。

教育正义所调节的行为正义和分配正义塑造着人的生活价值取向和人格志向。因为教育如何对待学生，反映了对学生是否承认自我价值和生活理想、反映了对学生当下的人格志向的认可与否，这使得学生容易以教育中所反馈的立场来看待自己，即形成自我认同。同时，学生也会按照教育中所暗示的方式来形成自己对机会、前程、活动的期待和运用。总之，学生是否能够积极地形成自我观念、是否可以形成远大的生活抱负、是否对前程抱有期待与教育机构、教育制度、教育者对他们的方式以及对他们的期待有着决定性的关系。如果教育不能平等地尊重每一个学生的人格、不能平等地分配基本的教育善事物，则势必就会引起那些受到了不公平对待的学生的消极反馈，从而他们的实质幸福、对生活前程的向往等都会因这些非公平的对待而遭受损害。

### （二）教育正义关联公共福祉

政治指向的是如何建设一个好社会和培养好公民的问题，就教育的自身功能性目的来看，它关涉人的发展和社会发展两个方面，因而教育同样指向于培养好公民和建设好社会的问题。所以，从这个意义来看，教育是最基本的公共事务和公共实践。

何谓好社会？[2]一个好社会是生活在其中的人们不仅能实现自己的良善生活、促进个人的福祉，而且社会作为一个共同体，其公共福祉能够得以丰

---

[1] 阿玛蒂亚·森认为，人享有的实质自由是考量人的幸福的依据。参阅阿玛蒂亚·森.以自由看待发展[M].任赜，等，译.北京：中国人民大学出版社，2002.

[2] 此为两个方面的内容：个人幸福和公共福祉。

富、增进和保障。

所谓公共福祉是指共同体所有成员共享的公共善事物[①]，它包含公共财富的公平分配、公共教育的正义性和公共卫生的全面性。这就意味着公共福祉蕴含了社会制度的正义性、社会道德风尚的正派、社会精神气质的高尚，当然也包含着社会心理环境和生态环境的健康、安全等。

每个人都从公共福祉中受益，它对促进个人幸福是至关重要的。每个人要过上幸福生活都必须置于社会生活的良好状态中，即处于公共福祉的良好状态中。譬如，一个社会的公共教育存在着制度性的不正义，它无疑会对许多人的生活理想实现造成障碍，他们会对生活美景的期望降低。

尽管公共福祉不是个人幸福的手段，但是它会促进个人幸福。一般而言，一个良善社会促进公民的个人利益通过两种方式：一是促进公共福祉，因为公共福祉是所有成员共享的，公共福祉的增进就是个人福祉的促进，当然这种公共福祉被每个人所享有必须是在正义的社会制度条件下才有现实性；二是切实保护好所有成员的基本权利和自由。

政治共同体有义务保护和促进公共福祉。倘若把公共福祉的提高交付给市场——看不见的手（亚当·斯密），那么共同体的公共福祉势必会失去共同体的政治关照，当然个人幸福也是如此。如此一来，这种政治共同体就丧失了正当的使命，缺失了积极创造公共福祉的良好品质，从而公共福祉就会面临或者处于崩溃的危险。

教育作为一种公共善或者公共实践，它也如同政治目的一样，具有促进共同体公共福祉的价值意义。当然教育的公共职能是基于促进个体发展的使命之上的，倘若一味地强调教育的社会职能、无视教育最基本的使命，则有可能会导致社会凌驾于教育之上，从而不仅不会促进个人的发展，还势必殃及公共福祉的提升。由此看来，好的教育在公共福祉和个人福祉的提升上，应在二者中寻求一个连接点，即在教育中做到既促进个人福祉又提升和增进

---

[①] 它包含公共财富、公共交通、公共教育、社会荣誉、公共职务与权力、空气环境、道德环境、治安环境、公共制度等方面。

公共福祉。

众所周知，教育公共福祉的意义关键在于培育人的公共理性精神，然而现代性教育在很大程度上忽视了个体公共精神的培育。事实上，现代性教育不利于个体公共精神或公共理性意识的培育。现代性教育最突出的特点是以培养占有式（或功利型）个体为目的，一切教育实践和教育制度的设计均指向于能够最有效地促进个体占有式的成功，教育被认为是每个人成功获得社会地位、取得优势的社会身份的主要手段和方式。教育的这一价值取向容易培养出自私自利的唯我主义者，在他们看来，社会的公共福祉是提升个人幸福的纯粹工具而已。如是，"个人至上"的理念支配着人的意识、观念、情感、行为，从而导致了个人与他人、他物之间的关系始终处于一种张力状态：任何人视他人为自己竞争的对手，彻底征服了这个对手成了每个人实现生活美景的最大动力；任何人视自然、社会为实现自身个人利益为纯粹工具，人是它们的绝对支配者、宰制者。由此看来，教育所培养出来的占有式个人是缺乏公共理性精神的个人，他们对于什么是良善的社会、正义的社会，什么是公共福祉，完全是基于自身个人利益的立场来做出判断和理解，无法基于公共理性的立场来看待一切。

由此看来，教育的目标和行为仅仅是促进个人的种种利益，以个人利益为指导原则，而忽略了公共理性精神的培育，这样的教育不会是好教育。

正义教育的一个重要使命就是对促进公共福祉承担义务，而在这之中最核心的是培育学生的公共品质和公共理性精神。学生是社会未来之公民，他们的合作精神、社会责任感等对维护和促进公共福祉有着重大的意义。在教育行为和教育制度设计中，正义的教育指向于正当地对待每一个受教育者，而这无疑有利于养成学生的公共理性精神和公共品质。

**思考题：**
教育正义是教育实践中的首要善吗？

# 第七章　教育自由

自由是一个多义的概念，研究者们总是基于各自的研究需要，并结合自己的知识视野来理解自由的含义——不同的人总是在异质性的情境、语境中追求不同内涵的自由。虽同时使用一个"自由"概念，但人们所指向的"自由"却有多样化的内涵。这恰如阿克顿（Lord Acton）先生所言："人们给自由所下的定义多种多样——这表明：在对自由的认识上，无论是在热爱自由的人们当中，还是在厌恶自由的人们之中，持有相同理念的人微乎其微。"[1]尽管如此，通过对"自由"概念的梳理，笔者认为自由主要表现为两种内涵：一是自由是对必然性的认识；二是自由是使外在的束缚、限制、压制降低到最低限度。

## 一、自由概念[2]

### （一）自由概念

**1.自由是对必然的认识**

对于自由和必然的关系问题，16世纪的培根已开始有所涉猎，他的命题"要命令自然就必须服从自然"意味着，人类要拥有自由[3]在于认识"自

---

[1] 阿克顿.自由与权力[M].候健,等,译.北京：商务印书馆,2001:307.
[2] 参阅左志德学术自由及其责任[M].北京：中国社会科学出版社,2017:18.
[3] 这在培根看来叫"命令自然"。

然"——"形式"[1]。所以培根说,"由于形式的发现,人们就可以在思想上得到真理,在行动上得到自由"。当然,"自由是对必然的认识"这一命题最先发轫于斯宾诺莎,"凡是由自身本性的必然性而存在,其行为仅仅由它自身决定的东西,就称之为自由"[2]。不过,斯宾诺莎对于自由和必然的关系主要指向于人的意志自由和必然性的关系。在他看来,意志自由在于实现必然性的认识,"如果心灵所理解的一切事物均是必然的,那心灵所控制的情感的力量就会更大,这样它所感受的痛苦就会更少"[3]。黑格尔在吸收莱布尼茨、费希特、谢林、康德等近代哲学思想的基础上,对自由和必然的关系作了开创性、系统性的探究。他认为,无论是斯多葛学派纯粹追寻内心安宁、拒绝与现实世界发生来往的自由观,还是康德所追求的建立于行为主体理性基础上、出自善良意志的道德自律的自由观,都是对真正自由的一知半解。实际上,自由必须以必然性为前提,自由是必然性的实现,即他把必然本身看作自由的一个环节,认为自由是必然性的真理。因此,持"把自由和必然认作彼此抽象地对立","这种不包含必然性的自由,或者设想没有自由的单纯必然性"[4]的观点都是错误的。

当然,黑格尔所说的"必然性"是仅囿于精神层面的必然性而言的。必然性就是行为主体对现实伦理道德规范的自觉认同、服从——以自我限制为道德义务,否则就没有自由。也就是说,一个道德之人自觉认识到他的道德行为内容的必然性即必然的义务性,他就获得了自由。倘若他认识到这些束缚、限制是自由所必要的,那么,行为主体就不会认为这些束缚、限制是外在强制的,因而他便不会感到不自由。所以,黑格尔说,"正因为如此,所以他并没有觉得他的自由受到了妨碍,正由于有了这种必然性与道德义务

---

[1] 后来一些哲学家们称之为客观规律。
[2] 北京大学哲学系外国哲学史教研室. 十六—十八世纪西欧各国哲学[M]. 北京: 生活、读书、新知三联书店, 1958: 165.
[3] 斯宾诺莎. 伦理学[M]. 北京: 商务印书馆, 1981: 226.
[4] 黑格尔. 小逻辑[M]. 贺麟, 译. 北京: 商务印书馆, 1980: 105.

性的认识，他才会率先拥有真真切切的内容充实的自由，这完全不同于从刚愎任性而来的空无内容的和单纯可能性的自由。一个罪大恶极之人受到了惩罚，他可以并不认为这些惩罚是一种异己的、外在的暴力，而仅是他自己的行为自身的一种表现。如果他有这样的认识，那他就会认为他自己是一个自由之人。通常来讲，当一个人自己知道他是完全为绝对理念所决定时，他便达到了人的最高的独立性"[1]。由此看来，黑格尔的这种"必然性"并不指向于物质世界、社会物质实践活动，他所说的"必然性"仅仅囿于行为主体对精神层面绝对理念的体认、认同。同时，他并没有认识到自由不仅仅需要以必然性认识为条件，还仰赖于对必然的改造，所以黑格尔这一自由与必然关系的理念最终沦陷为宿命论的境地。

后来，马克思主义哲学深化了自由与必然关系的认识，自由的获得要以必然为前提，在实践活动中要遵循客观规律（必然性）。因此，人类只有认识清楚必然的规律，遵循这些认识规律，并充分发挥人类自身的创造性、能动性，让实践行为朝着符合自己预设的目的实现，这样才能获得自由。认识必然不一定要服从必然，更不是要顺从必然，成为必然之奴役，在必然面前毫无主见、毫无创见，而是利用必然去改造世界，获取更多的人类自由。因为，"自由的程度就是认识的程度和人们改造的能力，人们对必然的认识越深刻，人们的改造能力越高，就越能在必然面前处于支配地位，就越有选择余地，因而就越自由。正是从这一点上说，自由就是对必然的认识和对客观世界的改造。黑格尔不懂得自由的途径应该是实践的改造活动，人们只能靠自己的力量改变自己的处境"[2]。

恩格斯扬弃了黑格尔这一"自由"概念。他认为，自由在于认识规律。它包括自然层面的外在规律和人的精神层面的规律，并有计划地使所认识的规律为一定的目的服务，"自由并不存在于幻想中没有自然规律的约束的存在，它取决于我们认识那些自然规律并能够有计划地让它们为我们设定的一

---

[1] 黑格尔.小逻辑[M].贺麟,译.北京:商务印书馆,1980:333.
[2] 何云峰.黑格尔论自由[J].上海师范大学学报,1999(11).

些目的服务。这无论对外部自然的规律，或对支配人本身的肉体存在和精神存在的规律来说，都是一样的。这两类规律，我们最多只能在观念中而不能在现实中把它们互相分开"[1]。恩格斯把自由定义为"对必然性的认识"，这意味着人的自由度与人类对规律认识与把握的深度、广度密切相关，这种对必然性的认识和把握可以决定我们人类自由选择的范围与自由实践活动的方式、可能性。譬如，人类每一次在科学理论上的重大突破并转化为生产力，会对我们的工作方式、生活方式、学习方式乃至思维方式都会产生巨大的变化。所以他说，"因此，人们对问题的看法、判断越是自由，那这些看法、判断所具有的必然性就越大。而犹豫不决是以无知为前提的，这看起来似乎是在众多不同与互相矛盾或者说可能的事物中进行任意地决定和选择，然而这恰恰说明了人的认识的不自由，证明它被正好应该由它来支配的对象所支配。由此看来，自由就在于根据对自然界的必然性的认识来支配我们自己和外部自然"[2]。事实上，人类社会文明向前推进、社会不断向前发展在很大程度上归根于人类对必然性的认识和改造。我国儒道哲学追寻的"人定胜天"理念讲的就是我们人类有无穷尽的智慧和理性——能够认识必然的规律，达到征服、统治大自然的目的。"人定胜天"的理念就是人类在认识、掌握规律的前提下，自由度越来越高的表达。

"人是自由的"[3]。当然人的自由并非生而有之，人这一自由本质是在人的社会实践活动中形成的，人的认识必然性活动本身就是人的自由的体现，它最基本的标识是人在社会实践活动中主体性的发挥。对必然性的认识、把握在很大程度上决定了人的主体性大小，因而从"自由是对必然性认识"这个意义上看，自由显而易见是人类的目的善，是人类追寻的终极价

---

[1] 马克思恩格斯选集(第3卷)[M].北京：人民出版社，1995：334-335.
[2] 马克思恩格斯选集(第3卷)[M].北京：人民出版社，1995：334-335.
[3] 高兆明.黑格尔《法哲学原理》导读[M].北京：商务印书馆，2010：40.

值，是一种终极善。① 倘若人类由于理性的局限性，没有达到必然性、普遍性的认识而仅只是一种偶然性、相对性的认识，则注定了人的主体性程度不高，自由度不足。事实上，人类总是要超越种种偶然性、相对性的认识，通过自身的努力，实现必然性、普遍性的认识，不断提高人的主体性程度，争取更多的自由这一终极善。②

2.自由是外在任意限制的消除

由于人们越来越相信"自由是对必然的认识"这一客观命题，所以人们普遍认为越是能够提高必然性的认识、掌握普遍规律，人们的自由度就越来越高。然而，在我们人类现实社会生活实践中，这一命题的绝对性似乎却遇到了困境。一个显著的例子是：在传统社会，随着人们对文明成果的认识加深，人们认识到以"仁义礼智信"（精神方面的必然性认识）为核心的伦理道德规范有利于维护社会和谐有序，促进人的美德养成——事实上，自觉遵守这些伦理道德，将它们视为康德所说的"为自己立法"之道德"绝对命令"，无疑能到达"随心所欲而不逾矩"的精神自由境界。然而，这些传统的以"仁义礼智信"为核心的伦理道德规范在后来的发展中却成了束缚人的精神枷锁，蜕变为鲁迅先生笔下"吃人"的工具。人们认识、创造了传统封建礼教，本应是去杜绝人性中过多的欲望，实现理想人格，进入精神自由境地。其结果反而是，这些传统伦理礼教成了压抑人性解放、限制各种自由生活（如没有婚姻自由），限制人们追求幸福生活的最普遍的精神枷锁。由此看来，人们认识、把握了自然规律和社会规律这些必然性并不见得就一定就有自由。青年学者白玉凯在《〈反杜林论〉中恩格斯自由思想的深层意蕴解

---

① 伦理学意义上的"善"是一个价值概念。价值概念是一个关系概念，它涉及主体和客体之间的关系，具体而言，价值就是客体的事实属性对于主体需要的效用性，即客体满足主体需要的效用性。就善的事物与我们的需要关系而言，有具有目的价值的善事物，也有具有手段价值的善事物。前者意指事物本身是善，是实在善、目的善，后者意指事物本身不具有善，是实现善的目的的手段。由此看来，终极善是一种终极目的善。参阅金生鈜.教育与正义——教育正义的哲学想象[M].福州：福建教育出版社，2012：90.

② 参阅左志德.对大学学术自由合理性的伦理解读[J].现代大学教育，2014（3）.

析》一文中也类似地指出：必然性并不意味着人的自由。他说，在科学技术文明主宰一切的今天，人们对克隆人技术这一必然性成果已经完全认识、掌握——无论是在技术应用上还是理论根据上，克隆人已经完全不是一个难题。然而尽管人类已经完全掌握了克隆人技术这一必然性规律成果，世界各国的政治家、伦理学家、科学家以及宗教主义者却陷入了各自认为持之有理的争论中——在克隆人这个问题上，人类并没有获得相应的自由。本来，人们掌握了克隆人这一必然性技术，便能够用这一必然性自由地去生产克隆人，满足人们的多种需求如治疗疾病等。然而，问题并非那么简单，自由也并非那么唾手可得。[①]因为这一技术给人类未来带来的福祉并非那么一清二楚，它潜藏着一系列不可完全预设的可能性，以至于给人类带来毁灭性后果，而且克隆出的人对人类现行的伦理关系也是一个致命的搅乱。一句话，克隆人技术给人类带来福祉和自由并非具有确定性、必然性。[②]基于此，世界各国都采取极其谨慎的态度，我国政府于1997年3月19日更是作出了"在中国境内禁止开展克隆人研究"的制度禁令。

由此看来，人类无论是认识、掌握了精神领域抑或是自然领域的必然性，并非就会给人类带来普遍的自由。人类许多时候总是生活在无穷无尽的人为的限制中如制度、规范限制，而有些限制给人类带来了极大的不自由。限制是自由的对立面，不自由实质上就是对人的限制、束缚、压制太多，或者说行为主体的生活和活动空间受到了外在的限制、束缚、压制。所以历来思想家们都十分重视从消除限制方面来谈自由。譬如，霍布斯认为自由"就是外界障碍不存在的状态"[③]。范伯格说，"自由即无约束"[④]。以赛亚·伯林认为，"自由的根本含义是免于桎梏、免于监禁、免于被他人所奴

---

① 参阅白玉凯.《反杜林论》中恩格斯自由思想的深层意蕴解析[J].华北电力大学学报社会科学版，2014（4）.

② 参阅左婵娟，左志德.学术责任的价值取向思考[J].科教文汇（中旬刊），2016（12）.

③ 转引自张品兴，乔继堂.人生哲学宝库[M].北京：中国广播电视出版社，1992：221.

④ 乔尔·范伯格.自由、权利和社会正义[M].王守昌，译.贵阳：贵州人民出版社，1998：3.

役"①。"在这个意义上,自由就意味着不被他人干涉。不受干涉的领域越大,我的自由也就越广。"②当代伦理学家罗尔斯也是从三个要素来解释自由的内涵的,"自由可以参照三个因素来解释:自由的行动者,行为主体所摆脱的束缚和限制,行为主体做或不做的权利……。"③

人们似乎已经完全相信人的不自由是由于有外在的束缚、限制、干涉。这些束缚、限制和干涉无非是一些成文和非成文形式的规章制度以及和人们日常学习、工作、生活紧密相关的伦理道德规范。因而,许多人认为,正是愈来愈多烦琐的规章制度、伦理道德规范使得他们的行为受到了无穷尽的约束,让他们在有限的生活空间和活动空间很不自由。譬如前面所列举的关于克隆人问题的例子,现实社会就有人反对,他们认为政府不应该颁布禁令阻止人类利用克隆人技术来满足他们多样性需要。克隆人能满足的需要主要有:(1)克隆人技术可以让个体的生命继续延续,让死去的人能够重生;(2)为了进行科学研究的需要,如通过克隆人技术生产一些遗传性完全相同的个体,用于心理学和社会学方面的研究;(3)克隆人能满足医疗需要——提供器官,将来用作移植;(4)克隆人为那些不孕夫妻提供了可供选择的繁衍途径,尤其是能为那些既不想要他人基因④,又不想领养他人孩子的不育症者带来福音;(5)对于那些患有严重显性遗传病的人,通过克隆人能够完全杜绝产生出患有严重遗传病的下一代;(6)克隆人技术能不受数量限制生产出符合从事特殊职业、执行特殊任务的人。如星际航行由于以光年为时间单位,因而人短暂的一生完全无法满足这一需要,如果通过一方面航行,一方面克隆人,问题就可得到解决;(7)克隆人能够有效改善人类种族,真正做到优生优育;(8)克隆人技术能促进人口增加;

---

① 以赛亚·伯林. 自由论 [M]. 胡传胜,译. 南京:译林出版社,2011: 170.
② 以赛亚·伯林. 自由论 [M]. 胡传胜,译. 南京:译林出版社,2011: 171.
③ John Rawls. A Theory Of Justice [M]. New York: The Belknap Press of Harvard University, 1999: 32.
④ 解决男方不育的人工授精和解决女方不育的体外受精,都要借助第三者。

（9）克隆人能让一些特殊人群的需要得到满足；（10）克隆人是思念亲人的需要；（11）克隆人技术，可以增进人类的科学技术水平。[1]尽管这些理由听起来很完美，特别是让活着的当代人似乎感觉到只要允许克隆人，他们就能真真切切地增加自己的自由。然而政府似乎不顾大众意志、罔顾大众公共福祉硬是给予了克隆人技术封杀令。看来，禁令、制度以及伦理道德成了人之自由的挡道者。问题的答案真是这么简单吗？

自由关涉着一个谁之自由的问题，即自由的主体是谁的问题。自由是一个历史概念，不同历史时期都存在着自由，关键是谁的自由。譬如在我国传统社会，自由掌握在少数人手里——自由成了权贵的专有权利，而绝大多数人却被剥脱了自由和权利——他们成为少数达官贵人被任意奴役、支配、宰制的对象。相反，这些少数达官贵人的自由——享受人世间一切荣华富贵，过着声色犬马之自由生活则是建立在这些被剥脱自由的广大人民之上的。权贵为何有自由？百姓却为何缺失自由？同处于一个时代，如此的冰火两重天之局面究竟原因何在？权贵有自由百姓没有自由，原因就在于那些制度（包括伦理道德规范）待人不公平、不公正——制度不公正地维护权贵们享有比百姓更多的权利，也不公平地规定百姓承担着比权贵们更多的义务。这一不正义制度契约着对极少数人享有的权利远远大于他们应该承担的义务，这一不对等关系本质上就是对权贵们的任意放纵，在现实生活实践中呈现的状态就是他们有充分的自由。相反，这一不正义制度契约着对绝大多数人享有的权利远远少于他们承担的义务，这一不对等关系本质上则是对百姓们的任意压制，在现实生活实践中呈现的状态则是他们自由的不足甚至是缺失。

由此看来，制度、规范等限制并非仅仅全是对自由的僭越，制度、规范这些限制一方面在剥脱一些人自由的时候又恰恰是对其他人自由的分配或维护。显而易见的是，在我们传统社会乃至今天仍然是专制的社会，少数人的自由恰巧是由于有了这些非正义的制度、规范等限制的存在而获得了形式上

---

[1] 韩东屏.论战克隆人：意义、观点与评测[J].自然辩证法通讯，2003（3）.

的有效性。这也意味着，自由和限制并非是天然对立的，相反，限制成了人之自由的必要性条件。当然这样说并不精确。因为在专制社会，大部分人仍然不自由也是由于有这些非正义制度、规范等限制（黑格尔称之为不法的强制）的存在。实际上，既然非正义制度、规范等限制是不自由的源头，因而正义制度、规范等限制（黑格尔称之为法的强制）就是绝大多数人之自由的条件了。因此，"自由是外在限制的不存在"这一说法的精确表达是：自由是非正义的限制的不存在，或者说不自由是非正义限制的存在。

### （二）消极自由与积极自由

在现实生活中，一方面自由表现为：行为主体不受他者（包括他人、群体、组织、制度、规范）任意的限制、强制、压制。即在什么样的限度内，某一个主体可以做他所能做的事，或成为他所能成为的角色，而不受到别人的干涉。通常这种自由被称之为消极自由或否定性自由。另一方面自由则表现为：什么东西在决定行为主体去做这件事而不是去做那件事，成为这种人而不是另一种人。通常这种自由被称之为积极自由或肯定性自由。[①]这足见自由内涵的多重性，这也意味着自由概念并非是单一的。英国思想家格林最早将自由区分为消极自由和积极自由。格林认为，在消极自由的概念当中，自由是"免于别人的限制或控制而能够依照他自己的喜好行事的能力。"[②]对于积极自由概念而言，自由是行为主体所具有的实现自我价值、完善自我和实现共同善的能力，"自由是指一种能够去做或者说拥有值得去做某些事物或享有某些事物的积极的力量或能力，是一种我们能够与别人共同做或者享有的东西。"[③]这意味着格林的积极自由概念与人的实践理性、能力是密不可分的——自由不只是一种行为机会，行为的可能性，而是按照实际条件

---

[①] 参阅何怀宏. 公平的正义——解读罗尔斯《正义论》[M]. 济南: 山东人民出版社, 2009: 76.

[②] Thomas Hill Green. On the different sense of "Freedom" As "applied to Will and to the Moral Progress of Man" [J]. sec.17.

[③] Thomas Hill Green. Lecture on Liberal Legislation and Freedom of Contract [J]. Works III, c1881, p.371.

发展人的转化为实际可能性的能力，当然也是行为主体为了增加公共利益、公共福祉做出贡献的能力。正如格林所说，就是"真正自由的完美理想形式是我们人类每一个成员都具有完善自己的能力"[1]。如果只是没有外在的限制、强制，并不足以让人拥有自由。譬如，在一个民主、正义的社会里，一个毫无知识、毫无技能的低能儿尽管享有与其他人同等的消极自由，但由于他没有实现自由的能力，因而事实上他是没有真正自由的。因而格林认为，行为主体还必须免于内在的限制、障碍——具有足够的实践理性，在实践理性的过程中实现自我。"真正的目的，是我在积极意义上主张的自由，换句话说，所有平等地为促进共同善而拥有的能力的解放"[2]。相对于消极自由是对一种外在障碍的消除而言的，积极自由明显是一种内在障碍的消除，而且这种内在障碍的消除，是一种真正的自由，因为消极自由"仅只是消除外在的强迫，仅只是让一个人可以做他想做的事情"，而"这实际上对真正的自由却丝毫没有贡献意义"。

格林将积极自由理解为一种实践自由的能力，但遭到了当代哲学家伯林的反对。在伯林看来，所谓的消极自由，它回答这样一个问题，"行为主体（一个人或人的群体）被准许或必须被准许做他有能力做的事情而不受他人的约束或限制，成为他愿意成为的人的那个领域是什么？"[3]而积极自由则回答这样的问题，"什么人或是什么事物是决定某人做这个而不是做那个，成为这样而不是那样，成为那样的那种干涉或限制的根源？"[4]两位哲人对于自由的理解，在强调消极自由是"外在任意限制、强制的消除"等方面都获得了同构性。不过，伯林对于格林认为积极自由是"一种能够去做或者说拥有值得去做某些事物或享有某些事物的积极的力量或能力"这一观点却表

---

[1] Thomas Hill Green. Lecture on Liberal Legislation and Freedom of Contract[J]. Works III, c1881, p.371.

[2] Thomas Hill Green. Lecture on Liberal Legislation and Freedom of Contract[J]. Works III, c1881, p.371.

[3] 以赛亚·伯林. 自由论[M]. 胡传胜, 译. 南京: 译林出版社, 2011: 170.

[4] 以赛亚·伯林. 自由论[M]. 胡传胜, 译. 南京: 译林出版社, 2011: 170.

现了质疑、反对。在他看来，格林所说的这种能力只是实现自由之条件或实现自由之能力，而并不能与自由内涵本身相混淆。所以他说，"假如我患的是贫困之病——因贫穷而没有能力去购买面包、支付环游世界旅行的费用或聘请律师打官司的费用，如同高度残疾无法让我行走一样，那么，这种无能为力并不能必然地称之为缺乏自由，……"①自由只是不被他人任意干涉，不自由则是被故意干涉——"在这个意义上，自由就意味着不受制于他人的干涉。不受制于他人干涉的范围越大，我的自由也就越广"②。这就意味着，在伯林看来，自由并不与主体的内在限制、障碍相关联，即人的自由与主体自身的无知（对必然性认识不够）、情感、健康因素等都没有关联性。

  自由与实现自由之能力确实是两码事。一切理性成果如知识、技能，非理性因素如情感控制以及健康、财富等都只是实现自由之条件。获取充足的知识、掌握较高的技术、拥有一定的财富、有着良好的身体仅仅只是主体获取自由的构成性条件，主体拥有它们只是意味着主体有可能自由（也并非必然），而它们并非本身就是自由。譬如，伊壁鸠鲁说，知识让人类获取自由——"知识通过自动清除非理性的恐惧与欲望而解放我们"③。一个财富上富可敌国的商人在一个极其专制的社会里，他并非是一个自由者，这是因为他所受到的所在国家的任意干涉、强制太多太多。相反，一个并不是很有钱的人生活在一个自由、正义的国家、社会里，他总是感觉自己是自由的、幸福的，因为他生活在一个"道法自然"④、"清静为天下正"⑤、"辅万物之自然而不敢为"⑥的自由国度里。自由的本身是外在任意的、非正义限制的不存在而并非包含其他。罗素在《自由之路》中多次强调"通过提高人们追求目标的能力或者减低其欲望，都可以达到自由"之思想实际上也蕴含

---

① 以赛亚·伯林. 自由论[M]. 胡传胜, 译. 南京: 译林出版社, 2011: 171.
② 以赛亚·伯林. 自由论[M]. 胡传胜, 译. 南京: 译林出版社, 2011: 156.
③ 以赛亚·伯林. 自由论[M]. 胡传胜, 译. 南京: 译林出版社, 2011: 191.
④ 《道德经》, 第二十五章。
⑤ 《道德经》, 第四十五章。
⑥ 《道德经》, 第六十四章。

着降低主体的内在障碍，这只是实现自由的一个手段而已而并非是自由本身。当然，伯林在这里所认为的"免于……"的自由指的是消极自由。消极自由涉及控制的范围，意味着主体的行为不受他人的任意干预或社会的任意控制。当然人是社会性的存在，正是由于这种依存性，每个人的存在都不可能不受到任何的限制，所以伯林认为需要维护"最低限度的个人自由的领域"[1]。这种"最低限度的个人自由的领域"的消极自由在现实实践层面则表现为制度安排的各种保护性的人权清单，如财产权不受侵犯。这正如赵汀阳所说："简单地说，消极自由要旨是保护个人权利并且抵抗集体权力的自由。"[2]

格林把积极自由当作一种自由能力这一观念遭到了伯林的批评，那么伯林《自由论》中之积极自由的内涵又如何？积极自由回答的是"谁统治我"的问题——我希望我的生活与决定取决于我自己，而不是取决于随便哪种外在的强制力。我希望我成为我自己的，而不是他人的意志活动的工具。我希望成为一个主体，而不是一个客体。我希望被理性、有意识的目的推动，而不是被外在的、影响我的原因推动。我希望是个人物，而不是希望什么也不是。我希望是一个行动者，也就是说，是决定的而不是被决定的，是自我导向的，而不是像一个事物、一个动物、一个无力起到人的作用的奴隶那样，只受外在自然或他人的作用，也就是说，我是能够领会我自己的目标与策略且能够实现它们的人[3]。

看来，积极自由就是自己做主、自己决定，做与不做、如何做、如何不做都是主体的意志选择，充分体现了人的主体性、独立性、能动性。做与不做都是主体的权利决定，选择做什么、选择怎样做也是主体的权利决定。譬如，某人要去美国阿拉斯加州旅行，在选择旅行工具时候，他可以自己自由地决定哪一种交通工具。倘若他被人为的一些规定而限制只得选择某一种工

---

[1] 以赛亚·伯林. 自由论[M]. 胡传胜, 译. 南京: 译林出版社, 2011: 194.
[2] 赵汀阳. 论可能生活[M]. 北京: 中国人民大学出版社, 2004: 115.
[3] 以赛亚·伯林. 自由论[M]. 胡传胜, 译. 南京: 译林出版社, 2011: 180..

具则意味他的自由打了折扣①,如一些缺乏职业道德的旅行公司只提供坐飞机这种唯一的选择,因为这种情形是对他们自由意志选择的限制。当然,如果是属于主体自身内在的因素如经济较为拮据而只得选择相对廉价的交通工具则并不意味着他没有自由,而只是意味着他选择自由的能力不够。同样,自然的而非理性可以控制的因素如天气原因也并不能作为自由受到影响的缘故来看待。

很明显,积极自由就是"我是自己的主人","我不是任何人的奴隶"。②这一概念意指主体自己做主、自己决定,选择做什么、选择怎样做都是由主体的意志决定,因而它是主体的一种自主自决的生活状态。

### (三)两种自由谁之价值优先问题

在前面的论述中,格林将自由区分为消极自由和积极自由,并指出消极自由的实现在于消除各种外在的限制、障碍。而对于积极自由,格林则认为自由是一种内在障碍的消除,即"人类所有成员都具有完善自己的能力",而且这种自由能力是一种真正的自由,因为消极自由"仅仅是消除外在的强迫,仅只是让一个人可以做他想做的事情",而"这实际上对真正的自由却丝毫没有贡献意义"。③伯林这一思想显而易见地向世人宣布:唯有积极自由是实质自由,是能给人类带来善的真正自由。恰恰相反的是,在消极自由与积极自由谁更有词典式优先价值这一问题上,伯林认为只有消极自由才是真正的自由。所以他说,"自由之真正含义是没有囚

---

① 指积极方面的。
② 以赛亚·伯林.自由论[M].胡传胜,译.南京:译林出版社,2011:180.
③ 前面已经具体分析了格林对于积极自由的看法是错误的,因为自由与自由能力是两个概念,自由能力只是意味着主体有可能自由而绝非自由本身。事实上,罗尔斯《正义论》中关于自由和自由价值两个概念的区分也有助于更加清楚格林先生这一积极自由内涵的错误性。罗尔斯认为自由和自由价值是完全不同的两个概念:一个正义的社会制度任何享有的基本自由必须是平等的,但由于每个人实现自由的手段的差异性——天赋较高、运气较好、社会地位较高的人实现自由的手段较充足,因而他们获取的自由价值相对其他人而言则较高。倘若制度为了保障每个人平等的自由价值,则实际上是对人人基本自由平等的侵犯。参阅何怀宏.公平的正义——解读罗尔斯《正义论》[M].济南:山东人民出版社,2009:95.

禁、枷锁，不受他人的奴役。至于其他含义仅只为这一含义的隐喻或者推广。我们要获取自由就要努力免除这些障碍；为个人自由努力就是力求消除他人的限制、奴役或剥削"①。伯林所说的影响自由的因素主要是三个方面：他人所加诸行为主体的限制、控制；国家或法律对主体活动的限制、控制；社会舆论对主体所施加的压力。②当然，他人的干涉以及社会的压力要真正对行为主体之自由构成妨碍必定是受到国家或法律的认可的，所以实际上，妨碍消极自由的因素就是政府的任意强制了。也许伯林是一个亲历过极权主义统治的思想家③，所以他对于政府的任意强制、干涉格外痛斥。当然，伯林之所以认为消极自由是真正的自由、具有更优先的价值，是因为他有一定的逻辑依据。首先，消极自由是发挥个人天赋的手段。"倘若最低限度的私人领域被侵犯，那么个人将会发现自己的范围狭窄到连自己的天赋都无法得到最起码的发挥。而只有那些天赋得到最起码的发挥，主体才有追求的可能，甚至才有可能构想人们认为是善的、正确的、神圣的目的。"④其次，消极自由并非只限于手段价值，消极自由本身具有终极意义，它是其他价值无法替代的价值。"消极自由本身就具有其自身的终极价值意义，尽管它本身并不是我们所永恒需要的，不过任何时候任何人都不得以何种理由包括公平、平等、正义等的名义来剥夺它。即使许多时候消极自由与公平、平等、正义之间可能存在着一些矛盾和冲突，然而它们之间并不是能够相互替代的。"⑤最后，消极自由在保障人性方面具有很大的效能，"我们之所以要维持最低程度的消极自由，是因为只有这

---

① Isaiah Berlin. Four Essays On Liberty [M]. oxford: Oxford University Press, 1969: 6.
② 石元康. 当代西方自由主义理论 [M]. 上海：上海三联书店, 2000: 7.
③ 以赛亚·伯林1909年于出生于俄国拉脱维亚的里加（当时属于沙皇俄国）的一个犹太人家庭, 1920年才随父母前往英国。
④ 以赛亚·伯林. 两种自由概念 [C] // 刘军宁. 市场逻辑与国家观念. 北京：生活·读书·新知三联书店, 1995: 201.
⑤ 以赛亚·伯林. 两种自由概念 [C] // 刘军宁. 市场逻辑与国家观念. 北京：生活·读书·新知三联书店, 1995: 203.

样，我们人类才不至于贬低和否定我们自己的本性"①。同时，伯林认为以"自主"为内涵的积极自由容易导致更大的极权、专制，"历史上许多最残暴无情的独裁者与暴君，之所以对他们的一切所作所为泰然处之，是因为他们坚信目的是正当的，所以行为也都是合理的"②。

积极自由表征为主体的自主自决，在社会实践层面充分体现了主体的主体性、创造性，而这正是人类千百年来一直所追求的生活状态和自由境界。人的自主性是对自己应该做什么样的事、成为哪种样式的人，有自己明智的选择并对这一选择有责任担当的能力。自主性反映出一个人有能力提出自己的人生目的，并对实现自己的自我价值充满信心；有能力反思和评价自己的行动，并且为自己的行动和方式确定道德的基础和理由；积极地付出追求目的的努力，并勇敢地为自己的行动承担任何责任。所以自主性表现出的是一个有理性精神的人，是一个明智且有智慧的人，是一个有责任心的人，是一个积极追求自由的人，是一个追求生活理想的人。③这意味着，自主性的生活是主体所选择的生活。它是主体依据自己的理性，经过独立判断，自由选择的结果。这一自由选择充分体现了主体的为自己做主、自己做自己的主人而不是做被选择的奴隶的独立自由精神。这恰如英国哲学家拉兹所说："一个人如果从来就没有做过什么重要抉择，或者从来就没有意识到要做出什么重要抉择，那他仅仅只是随波逐流、空虚一生之人，绝不是一个自主之人。"④

人之为人而不是动物，一个根本性的区别是人有创造性——"通过比较可以发现，人的生活与其他生物的生存真正具有决定性的区别之处就在于人的生活是创造性的，只有创造性才能使人的生活具有不可还原的意

---

① 以赛亚·伯林. 两种自由概念[C]//刘军宁. 市场逻辑与国家观念. 北京：生活·读书·新知三联书店，1995：205.
② 以赛亚·伯林. 两种自由概念[C]//刘军宁. 市场逻辑与国家观念. 北京：生活·读书·新知三联书店，1995：211.
③ 金生鈜. 教育与正义——教育正义的哲学想象[M]. 福州：福建教育出版社，2012：172.
④ 约瑟夫·拉兹. 自由的道德[M]. 孙晓春，等，译. 长春：吉林人民出版社，2006：208.

义，才能使生活超越生存。创造是创造者唯一自足的目的"[①]。自主尽管不是创造的全部充要条件，但至少是必然性前提。因为创造不是复制，它需要主体独立思考、独立判断而不是像一个无头脑的跟屁虫一样到处乱奔，复制恰恰是动物的天性，它只需要照着他人的思维方式重复着。事实上，人绝非是动物。

"自主是美好生活的一个构成要素，是一个人创造美好生活的必需条件。"确实，自主的生活是一种幸福的生活，因为生活的幸福是自己创造的、自己选择的——是一种顺应主体本性成为完美状态的生活。这种生活方式是人生活的意义，是一种道德生活。一种靠别人指令行为处事，生活中没有自己理性判断、选择的元素，明显不会是自己选择的生活方式，因而注定不是一种完美的生活。尽管许多事情依他人指令而为，违背自己的良心、本性去做一些苟且的勾当可能会带来短暂的、形式上的快乐，譬如过一种汉奸的日子，但这充其量是生存而绝不是一种幸福的生活，因为幸福的生活前提是他自主的选择。

一直以来，争取积极自由，过一种自主的生活也是我国古代许多先哲们的核心思想。事实上，在我国传统文化语意中，自由一词主要指向于行为主体的自主性、独立性，自己主宰自己。很少把自由理解为摆脱约束限制而获得的权利，即缺乏消极自由的理念。譬如，老子所主张的"道法自然"的自由生活，本质上就是由百姓自己过自己的生活；庄子的《逍遥游》所追寻的是人要过一种内心安然自得、行动来去自由的自主生活；孔子追寻"随心所欲而不逾矩"的道德境界需要的是"克己"的自主修心法；孟子提出的"尽心""存心""养心"之思想关注的是主体内心的自觉意念控制，强调的是主体的自我性、自主性。

由此看来，表征为自主性的积极自由生活本质上体现的是人们所要追寻的幸福生活，幸福不是别人所能带来的感受，也不是由别人指定的一种动物

---

[①] 赵汀阳. 论可能生活 [M]. 北京：中国人民大学出版社，2004：101.

式的重复复制生活、也不是由别人强制的一种囚犯式的指令生活，幸福生活是每一个主体自主的多样化生活方式和生活实践。因而，幸福只存在于有价值的生活实践之中，是合理的生活理想在不断成功地实施中所收获的精神状态，它包含着对自己生活理想及其行动结果的合理确信。①

积极自由决定着人们的生活幸福状态，"仅仅有消极自由不足以构成完整意义上的自由"②。不过，笔者并没有要否定消极自由的价值意义。事实上，真正的自由完整地体现在消极自由和积极自由两方面。消极自由来源于消除国家、社会的任意地强制、干涉，它在社会生活实践层面体现于为人们的实践活动划定出最大化的时空范围。为此，人们在这一最大化的时空范围内可以充分享有自己的积极自由。换句话说，缺失了消极自由，人们的积极自由将只是纸上谈兵或者说一种纯粹形而上的自主自决而已。如果说积极自由是人们在某一指定尺寸和时域范围内肆意跳舞（如何跳、跳什么等由自己决定），那么消极自由则是政府、社会为人们搭建的舞池，这一舞台何时使用、空间多大也取决于这一消极自由。如此一来，无论是认同格林所称之的积极自由为真正的自由还是伯林所主张的消极自由是真正的自由，并以此来抬高各自主张的自由的社会意义都是有失公允的。

当然，我们却又不得不承认在一个极其专制的社会里，人们首先追求最基本的消极自由则具有一定的优先性。专制社会是极少数人剥削大多数人的一种不公平的社会，这群少数人就像英雄小说中的土匪、强盗，他们凭借手中的强权肆意强迫大多数人劳动——掠夺这些人的一切实践成果，包括物质文明成果和精神文明成果。冯友兰将我国古代专制社会分为王道和霸道两种专制。"照孟子和后来的儒家说，有两种治道。一种是'王道'，另一种是'霸道'。它们是完全不同的种类。圣王的治道是通过道

---

① John Rawls. A Theory Of Justice [M]. New York: The Belknap Press of Harvard University, 1999: 35.
② 参阅赵汀阳. 论可能生活 [M]. 北京：中国人民大学出版社，2004: 122.

德指示和教育。霸主的治道是通过暴力和强迫。"①所谓王道，只是相对于霸道的治理方式而言相对较为"仁"，它是一种软暴力的治理方式——主要是通过设计一套维护权贵利益的伦理道德规范（主要表现为三纲五常）来约束人们的一切行为。这些"吃人"的伦理道德规范就像孙悟空头上的紧箍咒，他们稍有一丁点违规就会招致手握"念经"权力的唐僧（权贵）的严格惩罚。所以，王道的治理方式并没有减少对广大百姓的肆意干涉、限制。所谓霸道的专制则明显是一种大棒式的治理——通过法、术、势对广大百姓施以高压限制、统治。所以，在这样的专制社会里，谈论人的积极自由、人的自主自决、过自己做主生活的首要前提应当是社会要给予人们最基本限度的消极自由，即至少没有对人的任意干涉、侵犯、剥夺。譬如要做到"我"的婚姻我做主，首先得先没有婚姻干涉，如禁止包办婚姻，反对夫死妻守节（守寡）。如此一来，在特定的专制社会里，追寻消极自由的优先地位是有一定道理的。

不过，在民主、正义的国家和社会里，消极自由在社会实践层面的表现方式——各种保护性人权清单则对任何人都是平等的。这一理念在罗尔斯的政治哲学思想中获得了一致性。他认为，一个正义的社会绝不允许为了某些特殊的利益而去任意干涉他人的自由。干涉人的自由除非是为了获取更大的自由才是正义的，否则为一种自由（利益）去剥夺其他人的自由是典型的非正义。所以，罗尔斯说，"在一个正义的社会里，平等的公民自由是确定不移的，由正义所保障的权利绝不受制于政治的交易或社会利益的权衡"②。既然消极自由对任何人都是平等、公平的，这就意味着积极自由对每个人幸福生活的至上性。所以在民主、正义的社会里，提高人的积极自由是主体过上幸福生活的关键因素。

---

① 冯友兰. 中国哲学简史[M]. 北京: 北京大学出版社, 1985: 90.
② John Rawls. A Theory Of Justice[M]. New York: The Belknap Press of Harvard University, 1999: 2.

## 二、中外自由观

### （一）古代中国和古希腊的自由观

在中国传统文化的语意中，自由一词指向于行为主体的自主性、独立性，自己主宰自己。很少把自由理解为摆脱约束限制而获得的权利，即缺乏消极自由的理念。在古代，庄子有其独特的自由思想并主要体现在《逍遥游》中。孔子的自由则是"七十而从心所欲，不逾矩。"

在古希腊，自由是相对应于自由人而言的，奴隶是没有自由的。当然古希腊自由是一种集体自由，对个体而言，没有个体自由。"可以说，古希腊城邦制度孕育了与其相适应的自由观——国家自由，以实现国家自由为目的，把国家视为自由的主体。"可见，古希腊已经开始有了国家自由的理念。

古希腊的国家自由其核心观念有：

自由是与当时所特定的共和政体或者民主政体联系在一起的；自由是一种政治自由；自由是法律规定中的自由。

### （二）代表性人物自由观

1.洛克的积极自由观

自由首先是一种能力而不仅仅只是人的意志属性。当然，严格意义上是，自由是指行为主体有能力按照自己的意志做或不做。自由"就在于有能力来照自己的意志做或不做某件事、停止或不停止某件事"[①]，可见，一个人如果有能力按照自己意志来行动或不行动就是一个自由的人。

2.密尔论自由

密尔认为，自由是指不受他人、他者的强制，能自主地、独立地按自己的方式选择。"唯一实称其名的自由乃是按照我们自己的道路去追求我们

---

① 洛克.人类理解论[M].关文运,译.北京：商务印书馆,1954: 208-209.

自己的好处的自由，只要我们不试图剥夺他人的这种自由，不试图阻碍他们取得这种自由的努力。每个人是其自身健康的适当监护者，不论是身体的健康，或者是智力的健康，或者是精神的健康。人类若彼此容忍，各照自己所认为好的样子生活，比强迫每人都照其余的人们所认为好的样子去生活，所获是要较多的。"

密尔十分强调个人的自由，即人的政治自由、经济自由、道德自由、思想自由。自由是一种基本权利，因而自由的社会应在制度上对个人的自由予以保障。

密尔认为，自由是有限的，享有一种自由必须不以损害他人的自由为条件。

3. 伏尔泰论自由

伏尔泰把争取自由作为启蒙运动最重要的任务。

他认为，自由是一种行为能力而不是指意志自由。

孟德斯鸠在《论法的精神》中将自由作了划分："哲学上的自由是要能行使自己的意志，或者，至少自己相信是在行使自己的意志。政治上的自由是要有安全，或者至少自己相信有安全。"[①]自由是在法律的前提下做自己想做的事情，而不是被强迫去做不想做的事情。

4. 卢梭论自由

卢梭认为人的自然状态是十分完美的，人是生而自由的，即自由是人的自然权利。为了保障人的这种自然权利，保护好人的自然美好状态，这就必须建立一个契约社会。"要寻找出一种结合的方式，使它能以全部共同的力量来维护和保障每个结合者的人身和财富，由于这一结合而使每一个与全体相结合的个人只不过是服从自己本人，并且仍然像以往一样地自由。"[②]由此看来，契约并不是要限制人的自由，而是使人能像自然状态一样自由。

---

① 孟德斯鸠. 论法的精神[M]. 许明龙，译. 北京：商务印书馆：1961：154.
② 卢梭. 社会契约论[M]. 何兆武，译. 北京：商务印书馆：1980：23.

5.康德论自由

康德的自由概念包含着"先验的自由"和"实践的自由"两个层次。先验自由是康德在超越经验世界之上或之外所假设的一种理念。在康德看来，机械因果律[①]要不停地追寻更早的原因，这样就找不到一个最根本的原因来解释这个世界的现实存在。因此要彻底解释这个世界的发生就必须且只能假设一个最初的纯粹自发的原因，它本身不再有别的原因，因而是自由的。由此引申到经验世界中，康德提出了相应的自由意志理念[②]并将其作为人们经验性行为的根本依据，它只是"原因性"的解释，是人们摆脱情感欲望的干扰而遵循道德法的原因。

康德认为，人因为有理性所以才有自由。"我们终究被赋予了理性，作为实践的能力，亦即作为一种能够给予意志以影响的能力，所以它的真正使命，并不是去产生完成其他意图的工具，而是去产生在其自身就是善良的意志。"[③]康德着重从行为主体的积极自由方面来谈论。

**（三）自由的界限**

自由是现实的具体的自由。人是社会关系中的人，因而从这个意义上看，自由关涉着社会关系。

正如歌德所说，当一个人在宣称自己是自由的同时也会感觉到他是要受限制的。

在现实的社会关系中，自由的底线是保护每一个个体的外在消极自由，自由的最高价值是实现内在积极自由。个人自由的实现，即指作为社会中的成员，每个人都有充分的权利享受自由。

马克思、黑格尔对自由的限度做了论述。"如马克思和黑格尔所揭示的，权力的过度私人化或者私有制下的权力会危害自由；同时又如托克维尔和穆勒所说，公共权力和理性化权力的霸权同样会危害自由。进一步理解，

---

① 原因具有时间先在性。
② 不具有时间先在性，故不属于机械因果律。
③ 伊曼努尔·康德.道德形而上学原理[M].苗力田,译.上海：上海人民出版社,2002：11-12.

自由的过度私人化、私有化会消灭自由；同样，自由的过度公共化也会消灭自由。"

贡斯当在《古代人的自由和现代人的自由》一文中实际上指出，不同时代自由内容的不同理念意味着自由是有限的。

萨特的"存在先于本质"这一观点指出了个人在自由选择的同时意味着对他者的责任。

### （四）自由对人的价值

自由是对个体自我独立性、完整性的保障。

从自由的构成性意义上看，自由是人本质的展现方式，是人之为人的基本规定性。人如果被剥夺或失去了自由，就意味着人已经不是原来的自我或者说仅只是一种自然生命意义上的个体而已。

从自由的功能性意义上看，自由是获得新的生命意义、实现自我价值的根本条件。因为人的价值的实现，智慧、能力和品质的提升均有赖于在多样化的机会、条件、环境中进行选择和尝试，并最终确定自己的努力方向。当一个人能自主地依据自己兴趣、爱好、信念、知识自主地选择并决定自己的人生理想时，那他就是在实践自由。鉴于此，自由是每个人成长的基本条件，是人们所珍惜的一种基本权利。

总之，自由是每个人在社会生活中践行自我的一种方式，它是人成为一个独特的人不可或缺的条件，是个体表达自己主体性的一种根本方式。自由的核心是一个人不受来自他人和社会、制度的任意强制或压迫等外在因素的影响，也不受无知、蒙昧等主观因素的影响，并理性地选择自己的生活理想，决定自己的生活方式的一种状态。当然自由意味着有多种选择的机会，他可以按照自己的自由意志做出选择和决定。

所谓任意的强制和压迫是指一个人的生活和环境为他人所控制，他被逼服从于强制者的目的，因而他不能按照自己一贯的思想和计划行动，他不能自主地运用自己的智慧、知识，不能行使自己的判断力。在黑格尔看来，任意的强制和压迫是一种不法的强制，它是一种强迫人的主观意愿或主观意志的决定和行动，这种任意的强制既有制度性的不法强制也有来自环境的强迫。

## 三、教育自由[①]

### （一）教育自由的内涵

教育自由包含两个方面：一是保护学生的消极自由，二是发展他们的积极自由。对于前者而言，就是免除不自由的教育形式，如压制、欺骗、灌输、僭越、控制。这就意味着教育必须提供必要的条件和规则，以保证没有外在设置的障碍；意味着教育在制度设计或安排上为受教育者免除那些任意的压迫、控制提供保证。

就发展学生的积极自由而言，就是积极创造各种条件，发展学生的理性能力（理智），摆脱无知和愚昧，培育学生的道德能力。这就意味着，在教育中要形成鼓励和帮助、激励和支持的教育氛围，以一种指导和帮助的教育方式，扩大每个人特别是那些长期被忽略的人的自由行动的范围、机会和条件。积极创造多种条件，让学生在选择中发展。

教育培养自由人，即促进人的自由发展。从前面分析来看，消极自由是促进人的自由发展的根本条件，积极自由的实践过程则是一个人健康成长、发展的根本方式，它是教育的目的。由此看来，这两种自由的实践是教育的应然使命。

教育的目标应为：

1、必须保障学生健康成长、发展的条件，要免除那些束缚学生理性能力和个性发展以及道德能力的不良交往关系或教育行为。

2、以积极支持、引导和帮助的方式保护学生的人格的完整性和生命的尊严，保护他们实现自我理想的主体性，指导、启迪并促进他们的精神健全

---

[①] 参阅金生鈜.教育与正义——教育正义的哲学想象[M].福州：福建教育出版社，2012.

发展。

3、必须发展儿童的自主能力，自主能力是自由的重要内容，必须发展儿童的公共理性和社会理性，这是儿童参与公共的经济、政治、社会的独立判断力。

## （二）教育自由的基本谱系

在罗尔斯看来，人的有些自由比另外一些自由更根本，更具有优先性，所以他在《正义论》中提出了基本自由的理念和基本自由的优先原则。[①]基本自由是一个整体或体系，它们包括：思想和良心（信念）的自由；政治方面的自由以及言论、集会和结社的自由；人身自由和保障个人财产的自由或者说依法不受任意逮捕和无端剥夺财产的权利；法治原则规定的其他自由权利。

教育的自由同样具有一个基本谱系，这些基本的自由是教育制度、教育机构、教育工作者应当予以保护的。因为这些基本的自由意味着对于个体的理性、德性、个性等成长和发展具有根本性的条件价值或者是学生成长的构成性基本价值元素。

1. 思想自由和言论自由。思想自由意指受教育者基于正确的人生价值立场出发，独立形成科学正确的思想、观念、信念的自由。言论自由意指受教育者基于科学世界观、人生观、价值观前提下能自主地表达自己思想、观点、意见的自由。思想自由和言论自由是每个受教者探索新知、创新知识的

---

① 在罗尔斯的正义两个原则中，第一个正义原则具有词典式优先次序意义，只有充分满足了社会成员平等的基本权利的前提下，才能满足第二个正义原则所处理的社会经济利益分配问题。换句话说，绝不能因为较大经济利益而忽视每个人的基本权利的满足。为此，罗尔斯对功利原则作出了强烈的批判，他认为以追求社会利益最大化为旨归的功利原则为指导的社会制度常常以社会福利最大化的名义去侵犯社会成员的基本自由。所以他说，"在一个正义的社会里，平等的公民自由是确定不移的，由正义所保障的权利绝不受制于政治的交易或社会利益的权衡。允许我们默认一种有错误的理论的唯一前提是尚无一种较好的理论。同样，使我们忍受一种不正义的只能是在需要用它来避免另一种更大的不正义，而且只有在此情况下才有可能。作为人类活动的首要价值，真理和正义是决不妥协的。"参阅罗尔斯. 正义论[M]. 何怀宏, 等, 译. 北京：中国社会科学出版社, 1988.

基本前提，它意味着学生在教师的正确积极引导下能独立自主地、自由地探索并认识世界，试验他们的新思想和新方法，可以对一切权威大胆地质疑、批判；也意味着受教育者可以就社会现象基于正确的世界观、价值取向作出自己的独立判断。因而思想自由和言论自由是学生摆脱愚昧、无知、偏见的前提，是培育学生逐渐养成公共品质、公共理性精神的基础。

2. 学习自由。学习自由意指学生在教育教学中在教师的积极引导、帮助与支持下能自己选择学习内容、学习目的、学习方法、学习时间和空间的自由。这意味着在教育中应充分尊重学生的主体性、独立性，让学生自己决定自己而不是打着"为了学生的好"的旗号去压制、控制学生。

3. 道德自由。道德自由是指基于唯物辩证法与历史唯物法前提下，受教育者能对道德现象做出科学认知与科学判断，能在教育者的积极引导下自主地选择自己的道德生活，实现自己的道德价值，创造自己的美善生活的自由。道德自由向教育提出：第一，我们不能强制性迫使受教育者服从于某些过时的、非科学的道德规范、道德原则、道德行为等；第二，道德自由要求我们的教育不能以强迫性方式要求受教者去实行某些道德行为或达成某种道德目的，它要求我们教育者要基于受教育者的身心发展规律，科学地去引导他们理性认同科学的道德律。事实上，对个人强制接受某些道德观念，可能只是把受教育者禁锢在预设好的道德之中，使他们成为道德囚徒或道德工具。

4. 个性自主发展的自由。这种自由意指个体有实现自我价值、创造独特自我的自由。

5. 教育资源平等利用的自由。它包含受教育者平等地享有教育机会；平等地享有教育资源、条件等各种教育基本善事物的机会。

6. 人身自由。人身自由就是受教育者的人身依法不受任何伤害、压制、侮辱、欺凌的权利，受教育者个人享有人身不受限制、体罚的自由。在学校生活中，受教育者的人身不能因为任何原因而受到教育工作人员的消极性对待，如殴打、侮辱、体罚、被歧视等，当然这也包含着不能因为受教育者的智力原因和身体原因而受到教育机构、教师的排斥。

7. 交往的自由。受教育者在教育生活中可以在教师正确的引导下自主地选择自己的伙伴、朋友等交往关系的自由。这是受教育者获得自我认同和社会认同的构成性条件，当然也是获得自尊和社会价值的源泉之一。

教育自由必须受到制度的保障。

罗尔斯认为，自由作为每个社会成员所拥有的一种权利，它必须受到制度的保障。[①]因此，教育自由作为每个受教育者的一种权利，当然要受到教育制度的保护。事实上，对教育自由的维护和实践并不是对教育提出的最高要求，而只是一种底线要求。如果一种教育严重存在着僭越教育自由的行为，那就意味着这种教育及其教育背后的教育制度失去了存在的合理性和合价值性。

同时，上面所提到的这些教育自由是教育中的基本自由，他们对个体的自我实现和自我创造具有重要的意义。这些教育自由必须被当作一个完整体系来看待，而不是被认为某个基本自由优先于其他基本自由，因为一种自由的存在依赖于其他自由的保障。

（三）教育自由的意义

1. 教育自由是受教育者实现自我创造、个性充分发展的根本条件。教育自由是教育专制的对立物，任何形式的教育专制（包括柔性的控制）都意味着忽视受教育者主体的独立性、完整性，都视受教育者为工具进行塑造、锻造。缺失了自主性、独立性的学生，其自我创造、自我发现——超越自我的欲求必然大大降低，也将大大消弭个体公开运用理性能力、发展个性的积极性。相反，自由免于他人、他物对个体的任意控制、束缚，这意味着个体的独立性获得发展——个体能独立自主地对在教育生活中的行为作出自我判断和选择，从自我引导中使自身的才智和品质得以提升和拓展。

2. 教育自由是个人理性发展的基本构成性条件。人的理性运用包含着

---

[①] 哈耶克多次强调自由本身需要必要的强制——由制度、法律予以保障。参阅弗里德里希·冯·哈耶克.自由宪章[M].杨玉生，等，译.北京：中国社会科学出版社，2012.

对生活理想和行动目标的判断与选择、体现着对理性智慧发展行为方式的选择和决定、对行为结果的希冀以及反思等，而这都是在个体独立、自主的精神状态下发生的。理性和自由是结合的，缺失了自由个体理性精神则失去了存在、发展和运用的土壤。因而，任何压制、束缚人自由的行为都是阻碍人的理性的发展的行为。在教育中强行要求学生接受某些所谓权威的观念、价值观，而禁止学生对权威的质疑、批判，其结果必定是对学生理性精神的扼制。假若一种教育方式或课程规定受教育者只能接受某种标准答案对于各种社会现象、人生问题的解释，而禁止受教育者有他们自己的独立判断、独立观念，那么他们的理性发展就会遭受到阻碍。

3. 教育自由是人的道德发展的条件。道德是人经过理性的慎思而持有的义务原则和规则体系，以及在道德实践中所形成的道德品质。[1]由此看来，个体的道德义务、道德原则、道德判断以及德性品质是在教育者的引导下经其理性智慧实践的结果，形成这种理性的认同则不是在强迫、压制或诱使的语境中，而是在自主自由的语境中形成的。换句话说，人的道德观念、道德原则的形成只有在自由自主的语境中才有它的真实的道德价值，靠任何强制的一些"善"行为[2]，其道德价值也是相当廉价的[3]。

4. 教育自由是社会进步的条件（每个人平等享有的正义理念铸就了大家的公共理性品质）。大家都知道，教育自由是形成每个社会成员相互合作、进步和相互分享关系的构成性前提[4]。人们之间的相互合作、相互进步、相

---

[1] 道德不是运用强制等手段形成的。在亚里士多德看来，道德由德性和德行组成，一方面道德是一种中道的品质，另一方面判断一个人是否有道德，要看这些品质是否实践于社会生活行为中，并在实践中，个体是否感受到了愉悦。因此，亚里士多德认为，人的道德是理性发展的结果。具体参阅亚里士多德. 尼各马可伦理学[M]. 廖申白，译. 北京：商务印书馆，2003.

[2] 由于是道德主体的非自愿选择和行动，因而这样的行为可以美其名曰为"道德"行为。

[3] 按照亚里士多德的观点，这样的善行为不能称之为道德行为。

[4] 自由是免于任意的强制、压迫的自由和享有一些权利的自由，这就意味着任何人的自由不得以限制他人的自由为前提，这就意味着人们在相互交往中，必从是一种合作、共享的关系，而绝不是一种控制与控制的关系。

互尊重不仅标识着一种和谐、正义的社会关系的存在，更是促进社会有序、繁荣发展的基本性条件。事实上，教育自由是基于促进个体的理性发展而合理性地存在着的。个体理性精神和能力的发展包含着其公共理性精神和公共理性能力的发展，这无疑证明了每个社会成员公共理性和公共品质的提升是提高社会福祉、促进社会文明进步的源动力。

5. 教育自由是获取真知的前提条件。知识是在相互交流中传播、发展和创新的，人类的自由探索为知识的创新、生产提供了机会和可能。因为自由保证新的知识猜想，保护不同的见解和观点，保护人们的批判精神，保护人们对知识的自由交流。如果一种教育只是让受教育者笃信书本知识、盲目崇拜权威，并以确定无疑的固定思想、观念来评价人们的知识和经验，排斥异己，杜绝反思、质疑和批判，这样的教育则无疑会阻碍新知识的产生，所培养出的人也是一群死板、驯服、守旧、毫无创造力的"知道分子"。

**思考题：**
教育自由的限度是什么？

# 第八章 教育责任

## 一、责任概念的一般理解[①]

我们经常听到这样的话,比如,"这是你的职责所在"和"这是你的责任所在"。由此看来,"责任"和"职责"有它们的相通性。这也意味着责任是同行为主体所担当的职务(或者说履行的角色)紧密关联的,所以国内最先系统研究责任理论的学者程东峰认为,"责任是行为主体对在特定社会关系中定在任务的自由确认和自觉服从"[②]。这一有关责任的含义明确地告诉我们,责任是行为主体经过理性的权衡、慎思,自觉地实践所要履行的任务,即做吻合行为主体身份、地位、角色之事。由此看来,"责任是根据行为主体扮演的角色变化而变化的,责任永远和角色联系在一起。个人扮演的角色多,相应承担的责任也就多;个人扮演的角色大,相应承担的责任也就大"[③]。为此,国内有的学者进一步提出,"责任就是做分内应做的事,或者说当没有做好分内应做的事,就会为这一行为付出代价"[④]。譬如会受到正式或非正式的惩罚。事实上,"没有做好分内应做的事"有三层含义:一是责任主体完全没有去做,因而须为这一没有发生的行为付出代价;二是责任主体做了不该做的事,因而须为这一没有发生的行为付出代价;三是责

---

[①] 此部分主要参阅左志德.学术自由及其责任[M].北京:中国社会科学出版社,2017.
[②] 程东峰.责任论——关于当代中国责任理论与实践的思考[M].北京:中国林业出版社,1994:15.
[③] 程东峰.责任论——关于当代中国责任理论与实践的思考[M].北京:中国林业出版社,1994:14.
[④] 郭金鸿.道德责任论[M].北京:人民出版社,2008:39.

任主体做了却没有做好，因而须为这一没有发生的行为付出代价。譬如，大学生的身份、角色是学生，好好学习就是他们的责任。如果是"完全没有去学"，或者"学了不该学的内容"，或者"尽管学了却没努力学"，那这些同学就要为这一不负责行为付出代价，如有可能不能拿到毕业证，或即使拿到毕业证也可能找不到好工作，等等。

上述是从行为主体担当的任务或扮演的角色层面来理解责任的概念的，这个层面的"责任"一个最大的特性是：行为主体是基于他者的角度来行为处事的。当然这个"他者"可以是"他人"，所以就有了对他人、对朋友、对家人、对爱人的责任；"他者"也可以是"社会"，所以就有了对社会、对国家的责任；"他者"还可以是"自然"，所以就有了对大自然、生活环境的责任，譬如我们经常所讲的保护自然就是对自然的责任。所以国内学者谢文郁说："一个人在做事时不只是替他自己考虑，他还会想到他的亲朋好友以及与其相关的人，还会替他的子孙后代们着想，甚至与他毫无关联之人，这样他就是有责任感之人。他替他人考虑得越多越远，就说明他责任心就越强，责任感就大。"[①]事实上，基于他者的责任，早在古希腊时期，柏拉图和亚里士多德都曾有过阐述。亚里士多德更是明确提出人应该对自己的自由行为负责——对他者负责。"除了是因强迫而作恶，或者是因无知而作恶之外，其他作恶都要受到惩罚（为自由的不负责任的行为付出代价）。"[②]康德在这方面作了开创性的探讨，他将对他人和社会的责任划分为完全的责任和不完全的责任。对他人的完全责任有：与人为善、待人诚实、反对怨恨等。对他人的尊重责任是一种德性责任，譬如自大、狂妄等都需要抵制。对他人的不完全责任包括人们相互之间的伦理责任。[③]此外，倡导对他者的责任或对社会的责任之人当属法国哲学家列维纳斯。在列维纳斯看来，对他者、对社会的责任是客观存在

---

① 谢文郁.自由与责任：一种政治哲学的分析[J].浙江大学学报人文社会科学版，2010(1).
② 周辅成.西方伦理学名著选辑[M].北京：商务印书馆，1987：306.
③ 参阅康德.道德形而上学原理[M].苗力田，译.上海：上海人民出版社，2002：143.

的，它并不受主体主观意愿的控制——"行为主体在责任面前根本就不能熟视无睹，尽管这有可能并不是责任主体的主观意志。然而主体在责任面前彻底是被动的，他只能承担责任，他没有其它选择"①。列维纳斯认为，这一对社会、对他人的责任是构成"我"之为人的根本依据——"我的唯一性、我的同一性就存在于这种无法取代的、不可置换的对他人的责任的关系中。一方面，正是在责任中，我与道德性合二为一，我的存在便是责任的存在。另一方面，我也正是只有通过他人的召唤才能建构自己、培育自己、理解自己，'人只是从他人那里才达到其自身'"②。列维纳斯甚至还认为，人对他人、对社会的责任是一种非对等性关系，即并不需要获得同等的回报，所以他说："只有认可'道德要求存在于人与人之间的直接的触动之中，存在于与他人的接触以及从中产生出的人与人之间的责任意识'的伦理学才是第一哲学。而且这种伦理学从某种意义上并不是对等的、对称的。"③

实际上，人对他者的责任，是建立在对自己负责的前提下的，所以谈及责任必定包括行为主体对自身的负责。人作为生命体的存在，许多社会责任行为都是基于对自己负责任的基础上完成的。我们设想：一个对自己都不负责任的人，他怎么会对他人、社会、自然负责。因为人的思想存在于现实生活世界中，只有自己愿意过好生活④才会和他人、社会、自然和谐相处。所以，中国古代社会尽管倡导"齐家、治国、平天下"的社会责任观，但首先强调的是行为主体的"修身"，即"修身"是担当社会责任、经世治国的前提条件。

这种"修身"强调理性自我批判、反思，实际上意味着主体要对自己负责——严格律己、陶冶心灵、净化灵魂。因为一切高尚的道德行为或者

---

① 郭金鸿.道德责任论[M].北京：人民出版社，2008：81.
② 甘绍平.应用伦理学前沿问题研究[M].南昌：江西人民出版社，2002：124.
③ 转引自甘绍平.应用伦理学前沿问题研究[M].南昌：江西人民出版社，2002：124.
④ 这是一种对自己负责的直接体现。

说对他人、社会的责任行为无不折射着行为主体的高尚人格、伟大的自我尊严；相反，一切对他人、社会之恶[①]也标示着主体的自我伤害[②]。"我引起的痛苦在伤害我的受害者的同时，也伤害了我自己。……我做的恶是我对自己做的恶，我在与他人做斗争时，也在与自己做斗争。"[③]老子的"贵身养生"实则就是强调人对自己负责，所以他说："名与身孰亲？身与货孰多？得与亡孰病？甚爱必大费，厚藏必厚亡，知足不辱，知止不殆，可以长久。"[④]在他看来，一切功名利禄、声色厚禄都是身外之物，它们不仅对生命无益，反而是伤害了自己的生命。康德将人对自我的责任划分为：对自我的完全责任和对自我的不完全责任。在他看来，对自我的完全责任可以从两个方面去理解：一方面是作为动物性方面的对自我的完全责任，包括反对自身的戕害；另一方面是作为道德性方面的对自我的完全责任，包括反对撒谎、奉承等。对自我的不完全责任包括：自身自然方面的完善责任如健康，以及包括自身道德方面的完善责任。[⑤]作为同时代的伦理学家费希特在自我责任理念上与康德具有极大相似性。在他看来，自我责任包含对生命的维护和对生命的完善两方面：如身体健康、躯体发达和精神的教养。费希特还特别区分了自杀和具有道德价值意义的自我牺牲行为，自杀是典型的对自我不负责，而不顾自己生命危险的自我牺牲是践行一种道德责任，"是实现道德规律，如果我们归于毁灭，这就是道德规律的意志。这个时候，道德规律的意志实现了，而我们的终极目的也达到了。"[⑥]倡导对自己负责理念的另一个最重要代表性人物是魏舍德尔。他在《责任的本质》一文中对自我责任从两个层面进行了论述：一是指"在我自己面前产生的责任"，即自我产生的责任意识或自我责任感；二

---

① 不负责的表现。
② 对自我不负责。
③ Maurice Merleau-Ponty [M]. Signes: editions Gallimard, 1960: 268.
④ 《道德经》第四十四章。
⑤ 参阅康德. 道德形而上学原理[M]. 苗力田, 译. 上海：上海人民出版社, 2002: 143.
⑥ 费希特. 伦理学体系[M]. 梁志学, 译. 北京：中国社会科学出版社, 1995: 305..

是指行为上对自己负责。实际上，在魏舍德尔看来，自我责任体现了人自由本质的规定性——"人因为他能为自己的行为承担责任，所以他才拥有真正的自由"①。同时，自我责任还是社会责任的基础，"人只有拥有自我责任感，他才有可能去履行社会责任，即使是对上帝的宗教责任，也是以自我责任为基础的"②。

责任就是"做分内应做的事"。很明显，这意味着对当下的行为负责，也就是我们通常称之的对行为所带来的后果的责任追究。当然，它也意味着责任主体的行为指向于未来、明天，即行为基于对未来、明天的道德维度而做出决定、选择。如今，科学技术的创造力在给人们的工作、生活方式带来巨大便利和变化的同时，也给人类造成了前所未有的破坏。也就是说，科学技术有可能带来威胁着人类生存、发展的一系列不确定性的严重后果。这也意味着，我们的行为必须对未来负责，"我们正处在一种与以往完全不同的新地位，负有各种前所未有的责任。如果我们无知、疏忽、愚蠢、目光短浅，那么我们将会带来一个灾难性的未来"③。实际上，对未来、明天的道德责任是在科学技术迅速发展并广泛地应用于社会之际，人们基于对自己的子孙后代负责任的一种道德预防，因为凭借以往的责任追究并不完全能抑制科技的可能性之恶。"责任在许多具体的情形中，它完全可能无奈。……责任的极端性产生于提出自己问题的未来之前，而这些问题是任何人都无法避免的。"④显然，如伦克（Hans Lenk）所说，"责任范围在不断扩大"，它是新技术革命时代的一个重大的"理论主题"⑤。

---

① 转引自甘绍平. 应用伦理学前沿问题研究[M]. 南昌：江西人民出版社，2002：124.
② 转引自甘绍平. 应用伦理学前沿问题研究[M]. 南昌：江西人民出版社，2002：123.
③ 未来一百页——罗马俱乐部总裁的报告[R]. 北京：中国展望出版社，1984：8-9.
④ 英格博格·布罗伊尔. 德国哲学家圆桌[M]. 张荣，译. 香港：华夏出版社，2003：13.
⑤ 伦克. 当代的哲学、伦理学和人的技术活动[J]. 哲学译丛，1985：54-56.

## 二、从伦克的责任要素来理解责任

从以上论述来看,责任实际上是一个关系概念。伦克依据责任所关涉的责任主体、责任对象的性质以及他们之间的关系内容,给责任下了一个经典的定义:某人为了某事在某一主管面前根据某项标准在某一行为范围内负责。[1]实际上,伦克的责任概念涉及五个核心要素。

一是"某人",即责任主体。责任主体必定是人而非其他生物,"人类是唯一能为其行为担当责任的生物。……我们有责任的理念,我们也有此能力而感到骄傲"[2]。当然,这随之又出现了一个问题,什么样的人才是责任主体——只要是人就是责任主体抑或是需具备一定的条件的人才是责任主体。很明显,抽象意义上的人并不是责任主体。也就是说,责任主体必定要落实到具体行为中的人中间去,即任何责任总是要与具体的实践行为关联在一起,所以责任总是与特定场域中的人捆绑在一起。实际上,泛泛而谈无指向的责任主体的责任,只会陷于责任虚无主义。所以,伦克认为,责任主体必须以两个先决条件作为前提:自由意志和责任能力。

首先,责任主体必须具有自由意志。所谓自由意志,实际上是指"意志的本性是如此的自由,以至于它永远不可能受到限制"[3]。黑格尔说,"自由是意志的根本规定,正如重量是物体的根本规定一样。……自由的东西就是意志。有意志而没有自由,只是一句空话,也就不是意志。"[4]可见,自由意志意味着行为主体能自己做主,自己支配自己,即具有自主性。实际上,一个不能依据自己的意志做出自由选择、决定的行为并不存在着担当责任的道德要求。也就是说,责任的生成必定是责任主体依据自己的意志而不是他人的意志在自由选择的情景下对所发生的行为的负责,这恰如奥康

---

[1] 转引自李文潮. 技术伦理与形而上学——试论尤纳斯《责任原理》[J]. 自然辩证法研究, 2003(2).
[2] 转引自甘绍平. 应用伦理学前沿问题研究[M]. 南昌:江西人民出版社, 2002: 121.
[3] 转引自徐向东. 自由意志与道德责任[M]. 南京:江苏人民出版社, 2006: 39.
[4] 黑格尔. 法哲学原理[M]. 贺麟, 译. 北京:商务印书馆, 1996: 53.

德（Timothy Connor）所说，"自由意志概念与道德责任概念总是紧密相关的"，"说责任主要在于我们'选择'或者'意愿'似乎才是正确的"[1]。

为什么人只有在意志自由时，才能对自己的行为承担责任呢？一方面，意志自由意味着行为主体的行为动机、行为目的是自由的，既然行为动机和目的都是自愿的，那么行为主体对行为就负有承担后果的责任；另一方面，意志自由意味着道德行为是行为主体自愿的选择。人作为理性的存在者，他应对这一理性行为负担责任。倘若自由之人不能对自己的自愿行为担当道德责任，则必定是绝对个人主义、绝对自由主义的道德责任虚无论。伦克强调，责任主体的自由性来源于古希腊亚里士多德的责任理论。亚氏认为，人应该对自由选择的行为负责，"除了是因强迫而作恶，或者是因无知而作恶之外，其他作恶都要受到惩罚。强迫和无知的作坏（恶）不能负责任"[2]。实际上，出自理性选择和决定的任何行为都是意志自由的体现，而不是人的意志受别人的奴役、强制。"自由意味着始终存在着一个人按自己的决定和计划行动的可能性，这一状态与一个人必须屈从于另一个人的意志的状态形成对照。"[3]同时，由于这些行为都关系到他人、社会的利益，而且作为行为主体能自我决定，是意志自由者，所以他能理性权衡自己行为的正当性、合宜性，即对自己的行为负责。

其次是责任能力。通常，能力意指完成某事所具有的本领，所以责任能力可以理解为责任主体具有承担责任的本领。尽管有些学者主张，人的意志是一种绝对自由。譬如存在主义者萨特就极力主张人具有绝对自由选择的权利，没有任何事物可以阻碍人的意志去自由选择——即没有任何人可以阻碍别人的意志是自由的[4]。然而，诚如黑格尔所认为的那样，意志自由只有体现在具体行为、具体之物之中才是真实的意志自由。换句话说，意志自由

---

[1] 转引自徐向东. 自由意志与道德责任[M]. 南京：江苏人民出版社，2006：39.
[2] 周辅成. 西方伦理学名著选辑[M]. 北京：商务印书馆，1987：306.
[3] 哈耶克. 自由秩序原理[M]. 邓正来，译. 北京：生活·读书·新知三联书店，1987：123.
[4] 参阅萨特. 存在与虚无[M]. 陈宜良，译. 北京：生活·读书·新知三联书店，1987：617.

的现实存在是以做、行为等为前提的，缺离了它们，意志自由仅仅是纯粹抽象的自由。"由于意志只有达到定在的时候才是理念，才是现实的自由"，"意志体现于其中的定在是自由的存在"①。可见，"如果意志自由仅仅只是一种没有现实性的纯粹精神自由，乃是一种空虚的自由"②。这意味着，尽管人要为自己的意志自由选择负责，但实际上，对这种意志自由选择承担责任（即如黑格尔所说的真实的意志自由）显然是需要责任主体有实践责任的能力（本领）。由此看来，责任尽管以意志自由为条件，但最终是通过行为主体的责任能力来实现的。如果说意志自由意味着"可能的责任主体"，那么责任能力则是使"可能的责任主体"成为"现实的责任主体"的根本前提。通常，责任能力包含责任理性认知能力和责任行动能力。

责任的实现是以行为主体对自己所应担当的责任的明确认识、理性判断为前提条件的，即行为主体对自己所担任的任务可能带来的后果有一定预见力，有比较清晰的理性判断。"只有让行为主体对自身所要践行的道德责任'是什么'有一个理性的认知和判断，以及对'为什么'应当履行或承担此责任有一个基本的理解和认同，才能完成道德哲学史上'休谟难题'所说的从'是'向'应当'的转变。"③实际上，责任本质上强调的是要求行为具有合道德性，所以有学者这样认为，"道德责任是一个为德性动机所推动并且德性之人会具有的对特殊情境理解的人，在类似的环境中会做的行为。那就是说，某事是一种义务，当且仅当不做它是不正当的"④。这就要求每一个行为要对自己、对所关联的他人、社会以及我们所处的自然环境乃至人类未来有利，这就意味着担当责任就是要少犯错误。所谓少犯错误，就是做善事而不是做恶事，而这和责任主体的理性认知能力是正相关的——"我们对

---

① 黑格尔.法哲学原理[M].贺麟,译.北京:商务印书馆,1996:96.
② 高兆明.黑格尔《法哲学原理》导读[M].北京:商务印书馆,2010:175.
③ 鲁新安.价值冲突下的道德责任能力建设[J].学术研究,2007(8).
④ Linda Trinkaus Zagzebske. Virtues of the Mind: An Inquiry into the Nature of Virtue and the Ethical Foundations of Knowledge [M], Cambridge: Cambridge University Press, 1996: 235.

世界知道得越多，我们就会越少犯错误"①。"凡人之善在于他有智慧，凡人之恶在于他不智。"②责任是一种典型的德性行为，它需要责任主体对自身的行为做出善恶判断从而做出合正当性的道德抉择。有智慧、有理性认知能力的主体才有可能做出合理性的判断。"一个正当行为整个说来是一个具有实践智慧的人在类似的环境中可能会做的行为；一个不正当行为整个说来是一个具有实践智慧的人在类似的环境中不会做的行为。一种道德责任整个说来是一个具有实践智慧的人在类似环境中会做的行为。"③

为此，亚里士多德多次强调理性认知对于德性的践行起着根基性的作用，"我们人类一切积善成德均来自三个方面：人的天资禀赋、后天的习惯以及自身的理性"④。而"我们既然知晓理性如此重要，所以当这方面出现不和谐时，我们宁可违背天资禀赋和习惯而依从理性，以理性作为我们的行为的准则"⑤。这足见，理性认知在德性行为——责任行为中起着决定性的作用。

在现实社会实践中，我们常常自己能独立做主，所做的选择和决定都来自自我意志而不是他人意志，而且也清晰地认识到所决定的行为能为他人、社会带来善，具有道德合宜性，然而却总是"心有余而力不足"——也就是说，心是好的，有强烈的责任意识或责任感，却由于自身的能力问题，因而并不能实实在在地做出一些有责任的事情来。譬如抢救落水儿童，只凭善良意志无用，还得会游泳，站在岸上或坐在轮椅上大喊大叫的人与直接跳入水中将人救起来是不一样的。尽管大家都认为救人是应该做的，是一份责任（至少从道德意义上是如此），但前者尽管具有责任意识，却并不具有实现责任的能力，因而真实的责任并未得到实现。而倘若后者和前者一样具有善

---

① Julia Divere. Uneasy Virtue [M]. Cambridge: University Press, 2002: 84.
② 柏拉图. 理想国 [M]. 郭斌和, 译. 北京: 商务印书馆, 2002: 239.
③ Linda Trinkaus Zagzebske. Virtues of the Mind: An Inquiry into the Nature of Virtue and the Ethical Foundations of Knowledge [M]. Cambridge: Cambridge University Press, 1996: 239.
④ 亚里士多德. 政治学 [M]. 吴寿彭, 译. 北京: 商务印书馆, 1965: 384.
⑤ 亚里士多德. 政治学 [M]. 吴寿彭, 译. 北京: 商务印书馆, 1965: 384.

良意志，具有救人的强烈责任感，那么由于他具有实现责任的能力，因而真实的责任便得到了实现。由此看来，真实责任的实现需要一种践履责任的能力即行动能力。

责任主体的行动能力在很大程度上取决于其知识水平或知识结构。知识与行动能力是两个内涵不同但又有很大关联性的概念。知识是指人类在认识和改造世界中所积累的认识和经验的总和，而行动能力是指在完成某一项实践活动中所需的本领。这意味着在现实生活和实践中，知识并不代表着行动能力。我们经常讲"纸上谈兵"意思就是说军事知识丰富却没有真实的指挥作战能力或经验，而这个成语蕴含的一个深刻哲学道理就是告诉我们知识和能力之间是有差距的。譬如一个人倘若只完全注重于游泳知识的积累，却很少注重去练习，则当他遇到上述情境如有人落水需要救助时，他尽管有着强烈的救人责任感，然而事实上他也只能望水兴叹而已，毕竟他还是没有救人的行动能力。不过，这并不是要否定知识和行动能力之间的正向关系。实际上，人类的行动能力的大小仰赖于知识的深度和广度，因为如今绝大部分任务如果离开专业知识将无法胜任——"任何一个现代社会想要生存并发展，都离不开专业知识"。对于个体而言，他所拥有的知识越渊博，意味着他更能胜任他所从事领域里的一些更复杂的工作，作为责任是指"主体对定在任务的服从"，这本身就意味着他担当着比别人更多的责任。正是从这个意义上，柏拉图强调通过教育来促进人的理性（纯粹知识）发展其目的是提高不同阶层的人特别是权贵们各司其职的责任。波普尔指出知识可以让人从愚昧、偏见的非理性状态中解放出来，也意味着知识是一种典型的能力——至少承担着解放人类愚昧、偏见的责任。[1]培根更是向世人有力宣示"知识就是力量"，它告诉我们知识对于人们认识世界、改造世界的巨大作用。当然，人类认识世界、改造世界的和谐过程同时也是一个担当责任——对社会、对自然、对他人负责任的过程。显然，知识对这些责任的践行起着决定

---

[1] 转引自金生鈜.教育与正义——教育正义的哲学想象[M].福州：福建教育出版社，2012：139.

性的作用。

尽管，知识对于真实责任的实现起着决定性作用，但是责任行动能力实际上还包括：责任主体在各种具体的责任情境中，具有应付、处理各种复杂事务的能力，特别是化解和平衡道德责任的角色冲突的能力，以及包括实现所赋予的一些道德责任目标应具有的其他经验性能力。[①]

综上所述，真实的责任主体是指责任行为出自他自己的意愿选择且具有实现责任能力的人。

二是"某事"。很显然，"某事"是指责任的对象或者说责任的客体。譬如对自己的责任、对社会的责任、对未来的责任、对自然的责任。对自己的责任、对社会的责任、对未来的责任，上节"责任概念的一般理解"中已有详述，这里笔者只就"对自然的责任"作阐发。

责任是对伦理的具体践履，一直以来，伦理所关怀的道德对象仅囿于人，而除人之外的一切生命或无生命之物并没有进入人的道德关怀范围之内。因为人类始终认为，"人是目的"——只有人才是价值的主体，才具有存在的价值意义，而其他存在物仅因人的存在而获得价值。从责任的角度来看，只有人才是践履责任的对象，一切非人类存在物并不可能成为责任的对象，"动物没有自我意识，因此只可作为实现目标的一个手段，那个目标就是人。"[②]不过自20世纪70年代起，随着科学技术广泛应用于人类，许多伦理学家越来越忧心于科学技术可能给人类带来巨大的破坏力，他们强调并要求人类的一切行为要对自然负责——"冲破传统人类中心主义有关人与自然之关系的视野，将人类以外的生物种类、生态系统，以至于整个大自然都作为以自身为目的的，以自身为价值的主体或法人来看待"[③]。

对自然负责的伦理要求实际上存在于人类中心主义和非人类中心主义两

---

① 参阅鲁新安. 价值冲突下的道德责任能力建设[J]. 学术研究, 2007(8).
② P. Aarne Vesilind Alastair S. Gunn. 工程、伦理与环境[M]. 吴晓东, 译. 北京: 清华大学出版社, 2003: 263.
③ 转引自甘绍平. 应用伦理学前沿问题研究[M]. 南昌: 江西人民出版社, 2002: 144.

种理念领域。

部分人类中心主义认为，人是世界万物的主宰，但由于人的存在具有社会性，它不仅依赖于人与人之间的关系，同时也需要一个和谐、平衡的生态系统——人所需要的利益事实上都来自大自然的馈赠、供给。倘若人类在认识自然、改造自然中只一味地、毫无理性地掠夺、糟蹋大自然，那么人类所生存、生活的环境必将被破坏，从而人类所谓的一切利益、需要也会因此而遭到大自然的报复。"人在展现自身'质'的丰富性而对于自然进行随心所欲地征服时，自然就以它特有的方式还暴力以虚无，即把实施暴力于自然的人类导向非人化的虚无。"[1]实际上，人类中心主义认为，人要对自然负责，自然和人一样都应是道德责任关切的对象，但这并不是要主张自然和人一样具有同等的价值。人永远是目的，其他存在物仅只是一种工具善而已——自然成为道德责任关切的对象仅仅只是基于自然对人有价值意义而已，或者说人出自理性权衡出发，人只有善对自然，人类自身的欲望、需求才会得到满足。正是如此，所以康德说，"我们可以问'动物为什么而存在？'但是，问'人为什么而存在？'的问题则是毫无意义的。我们对动物的责任只是对人的间接责任。动物的天性类似于人类的天性，通过对动物尽义务这种符合人性表现的行为，我们间接地尽了对人类的责任"[2]。可见，对大自然尽到保护的责任，这一道德行为的终极起因乃是为了人类自身的幸福而不是为了自然本身。

对自然负责——关爱、保护自然这一道德诉求同时也来自非人类中心主义或自然中心主义的主张[3]。自然中心主义认为，一切生物，不仅只是人，其他自然存在物都具有自身的目的，都是宇宙当中的价值主体，而并不是传

---

[1] 李朝东.意志自由与责任担当[J].西北师范大学学报：社会科学版，2002(39).

[2] P. Aarne Vesilind Alastair S. Gunn.工程、伦理与环境[M].吴晓东，译.北京：清华大学出版社，2003：264.

[3] 非人类中心主义也可称之为自然中心主义、宇宙中心主义，其代表性人物有迪威尔、赛桑斯、福克斯等。

统伦理学意义上的其他生物仅只是满足人的利益需要的价值客体而已。为此自然中心主义认为,责任共同体的成员除人之外还包括其他有生命的和无生命的存在物——"所有的自然存在物都拥有道德价值,它需要得到人类的关护,并且这种关护并不是基于人类的利益考虑。这就是说,人类是为了自然本身而不是为了自己去关护自然。因为自然所具有的价值并不是依赖于人类而存在。……自然不是人为了实现自己的一些目的可以利用的资源,它不是工具——人要尊重自然自身的价值,给予自然应有的、甚至更高的地位,与自然融为一体"①。为此,自然中心主义者提出了人为什么要善待自然、关爱自然的理由②:首先,自然本身就是一个有价值的存在物,它们所拥有的价值并不依存于人的存在。相反,人类是大自然的一分子,是大自然或生物共同体中的一个成员而已,而且人类的自我发展取决于大自然的发展。因而人类要对自己负责任、关爱自己,就必须以关爱大自然为前提,不能以牺牲自然为代价。可见人类与大自然的关系是鱼和水的关系,没有水哪有鱼的栖息之地?其次,之所以要关爱大自然,乃在于大自然本身的原始性。一些生态伦理学家认为,越是原始的东西越有价值。如果没有与原始自然的联系,失去了原始自然所提供的平和、自由和安宁等美感,人类的精神健康就会受到威胁。为此生态伦理学家泰勒在《尊敬大自然》中提出,人类不能去打搅野生的动植物。实际上尽管自然中心主义过于强调自然存在的价值,但他们有些观点事实上是明显错误的,譬如我们谁也不会承认艾滋病病毒(HIV)、埃博拉病毒(Ebola virus)有任何存在的价值。但我们不得不承认,强调自然中心主义实质是对人类中心主义理论的有力批判,而这一批判所带来的可能好处之一是警告人类不能再在大自然面前肆无忌惮、专横跋扈,大自然是人类的家园,人类应该与自然共生共在才有可能实现自身的长足发展。所以施悲曼认为,如果仅仅只是将自然作为满足人类之需的工具,不认可自然自身的独立于人类用途的价值,不认可自然作为道德义务之对象

---

① 甘绍平. 应用伦理学前沿问题研究[M]. 南昌:江西人民出版社,2002:152.
② 参阅甘绍平. 应用伦理学前沿问题研究[M]. 南昌:江西人民出版社,2002:151-156.

的地位，那么人类就不会有保护自然的"心理上的动力"，破坏生态环境就变成了顺理成章的事了①。

实际上，从上述观点来看，无论是人类中心主义基于人的利益出发还是自然中心主义主张大自然本身同人一样具有其内在价值，它们的道德诉求都指向于人类要关爱自然、善待自然，与自然和谐相处。

三是"在某一主管面前"。"在某一主管面前"是指为责任的实现提供监督机制。责任是对定在任务的认同和践履，它是行为主体对自己所认可的普遍道德规范或道德要求在社会生活实践中的具体践行。然而，众所周知，一切责任行为都是责任主体在自身的道德良心（道德自律）和道德他律（如社会舆论等）的双重监督下完成的。"当责任主体要逃避责任时，责任监督是威严的边防哨卡，让其迷途知返；当责任主体失去信心，消极应对责任时，责任监督为之鼓励打气，让其振作精神、克服困难，实现责任；当责任主体被暂时的胜利弄得忘乎所以时，责任监督及时给予告诫，让其理性看待成绩、继续奋斗，争取和实现更大的责任。"②责任监督的自律形式主要出自责任主体的道德良心。所谓良心，"并不是别的，只是自己对于自己行为的德性或堕落所持的一种意见或判断"③。这意味着良心是对自己的道德行为的道德评价，它是道德主体依据普遍的道德要求自己给自己做法官——即自己裁量自己行为的道德价值。这种内心评价活动倘若是对自己行为所具有的正向道德意义作出积极的肯定评价便是良心的满足；反之，如果主体对自己的行为所具有的负向道德意义做出消极的否定评价，则主体会内心不安或称之为良心谴责。④具体到责任的层面而言，良心有利于行为主体责任感、义务感的养成。在自由选择、决定某项行为之前，总是会自己替自己"把脉"，自己替自己审视行为的可行性、正当性与否——自己做自己的道德监

---

① 转引自甘绍平.应用伦理学前沿问题研究[M].南昌：江西人民出版社，2002：157.
② 程东峰.责任论——关于当代中国责任理论与实践的思考[M].北京：中国林业出版社，1994：212.
③ 洛克.人类理解论[M].关文运，译.北京：商务印书馆，1954：31.
④ 王海明.论良心[J].齐鲁学刊，2002（4）.

护人或"纪委书记"。当思虑到行为不符合社会普遍的伦理道德要求时，良心会告知行为主体立即放弃这些不正当行为；当由于人的理性不及，这一不正当行为已发生时，良心会谴责行为主体，让其内心不安、充满内疚感。当然，行为主体在面对一些道德困境时，良心总是会给行为主体以信心和力量，勉励自己做出能给国家、社会、他人带来社会价值意义的道德选择。相反，责任主体一旦缺失了良心的监督[①]，责任将陷入虚无主义境地，行为主体对其所作所为负责则变得不再那么具有确定性。

甘绍平把良心看作是道德责任的主观方面的监督机制。同时，在他看来，只依靠内心主观的道德法庭，责任的落实并不具备必然性、确定性。所以他认为，责任还需要一种客观类型的社会监督机制，譬如法律法规的监督、大众媒体的监督等。实际上，责任行为之所以不能完全听命于主体的良心或者善良意志是由人性的复杂性所决定的。

人性具有善的一面。所以孟子说："恻隐之心，人皆有之。羞恶之心，人皆有之。恭敬之心，人皆有之。是非之心，人皆有之。恻隐之心，仁也。羞恶之心，义也。恭敬之心，礼也。是非之心，智也。仁义礼智，非由外铄我也，我固有之也。"[②]人性也有恶的一面。所以荀子说："今人之性，生而有好利焉，顺是故争夺生而辞让亡焉；生而有疾恶焉，顺是故残贼生而忠信亡焉；生而有耳目之欲，有好声色焉，顺是故淫乱生而礼仪文理亡焉。然则从人之性，顺人之情，必出于争夺，合于犯分乱理而归于暴。故必将有师法之化，用此观之，然则人之性恶明矣。其善者伪也。"[③]在荀子看来，人生来就有利己之心、嫉妒心、好声、好色、好闲逸。鉴于人性之恶，因而荀子主张隆礼重法以此鞭策、监督、压制人们循规蹈矩，尽职尽责。所以他说，"礼起源于何也？曰：人生而有欲，欲而不得，则不能无求，求而无度量分界，则不能不争。争则乱，乱则穷。先王恶其乱也，故制礼义以分之，

---

① 包括反思、评判，这是典型的责任监督机制。
② 《孟子·告子上》。
③ 《荀子·性恶》。

以养人之欲，给人之求。使欲必不穷乎物，物必不屈于欲，两者相持而长，是礼之所起也。"① "礼"本质上就是对人的道德行为进行规范、限制的他律②，显然荀子主张"礼"的根源在于过多的"人欲"，而且人性之恶是天生固有的，是人的自然性——"不可学，不可事，而在人者，谓之性"③。

人的一半是天使，一半是魔鬼。当然人性的内容远不于此，譬如人是理性和感性的集合体。正由于人性内容的复杂性、多样性，所以人并不是一个纯粹的善良意志存在者。他一旦脱离了一系列他律的严格要求，脱离了制度的有效监督、大众舆论的看管等社会监督机制，那他魔鬼的野性便会得到肆意的张扬——由于他的自利性，他会采取一切手段来实现他自己的欲望、需求，而并不会去顾及对他人、社会、国家的责任。所以从人性的角度来考量，责任需要社会监督机制，这种责任监督要贯穿于实践行为的始终。

四是"根据某项标准"。所谓"根据某项标准"是指判断行为是否具有责任道德属性的依据。众所周知，道德要求、道德规范具有意识形态属性，对它们的意义评价属于一种价值判断，责任作为道德实践的重要内容，因而也必然涉及价值如何判断的问题。通常，人们总是基于目的论或道义论的维度来判断行为的责任属性。目的论也称结果论，它强调责任行为在于实现行为主体的道德目的，满足行为主体的需要；相反，倘若行为不能满足主体的某些既定目的、需要，则该行为并不能称之为责任行为。18世纪开始流行的功利主义道德学说是典型的目的责任论。"功利原则指的是，当我们对一种行为赞成或反对的时候，我们是依据于该行为是增加还是减少主体的幸福；换句话说，就是看行为增加还是违背行为主体的幸福为准则。"④这意味着，判断行为是否是责任行为，在于依据该行为能否给当事人带来收入、财富、荣誉等一些善事物，即依据行为的结果来评判行为的责任属性。在道德

---

① 《荀子·性恶》。
② 这种规范和限制同时也包含着要求行为对他人、社会、国家负责。
③ 《荀子·性恶》。
④ 周辅成. 西方伦理学名著选辑[M]. 北京：商务印书馆，1965：212.

责任的判断依据上，道义论并不强调行为的结果如何，它认为凡是符合普遍的道德要求或道德规范的行为就是责任行为。譬如康德强调"行为发生不仅要合乎职责（按照适意的情感），而且要出于职责"的纯粹动机责任论就是名副其实的道义论。在康德看来，只有遵循"绝对命令"——道德律令的行为才是责任行为，即"出于责任"的行为才具有道德意义，而"合乎责任"的行为并不具有真正的道德价值。所以他说，"责任啊！好一个崇高伟大的名称。你丝毫不取悦于人，丝毫不奉承人，而要求人们服从，但也绝不以令人自然生厌、生畏的东西来威胁，以促动人的意志，而只是树立起一条法则，这条法则自动进入心灵，甚至还赢得不情愿的尊重……"①。这足见，遵循绝对的道德律令并予以自觉认同是评判责任的最高依据，这意味着行为主体可能由于某些外在因素如社会舆论压力、纪律制度的强迫等做了一些有道德意义的事情，尽了一份责任，但这并不值得赞扬，并不是一种真正的责任行为。

实际上，目的论和道义论两种责任判断理论是两种不同的伦理思想，各有其合理性和缺陷。目的论的责任判断理论强调行为的效用、功利，在一定程度上刺激了行为主体担当责任的积极性、主动性。然而这种理论在现实实践中，由于缺乏一个普遍的评判标准，因而容易导致责任相对主义，导致责任主体逃离，并最终导致责任缺失。道义论的责任判断理论强调行为的道德动机、行为的普遍道德意义，这无疑赋予了责任崇高的尊严和责任的圣洁性。然而美中不足的是，以康德为代表的道义论由于它的超现实性和超情感性，同时忽视对责任行为发生的特定情境的道德关注，因而这一理论在现实生活实践中很难获得完全认可，其最终也会导致现实责任的缺失。

五是"在某一行为范围内负责"是指什么样的行为属于行为主体要承担的责任。在伦克看来，以下四类行为属于要担当的责任：（1）行为后果是由行为主体直接引起或导致的；（2）行为后果与行为主体有着间接的关

---

① 康德. 道德形而上学原理[M]. 苗力田, 译. 上海：上海人民出版社, 2002: 43.

联；（3）行为后果对行为主体而言是可以预见得到的；（4）行为后果是行为主体能够避免的。实际上，众所周知，只有出自主体意愿选择的行为才属于主体要担当责任的范围，"行为责任是指主体对出自本人自由意愿的选择而产生的行为后果的一种负责"[1]。譬如，甲开车撞了乙，因而甲理所当然要为这一行为负责。不过，在生活实际中，这种因果关系并非那么简单。一一对应，假如甲因为有严重心脏病突然发作，结果撞了乙，尽管这一撞车事实上是由甲直接引起的，但当时的境遇却又不是甲所能控制的[2]，所以在这种情形下甲不须负道德责任，至少不能负全部责任，毕竟"因果关系只是一个必要的却不是充分的责任认定的前提"[3]。由此看来，伦克说的"行为主体应为由他直接引起或间接引起的后果担当责任"需要一个基本前提，行为来自主体的自由意志，而且在行为过程中这种自由意志并不因为自身或外界因素而受到中断或阻碍，否则这种行为并不属于完全的意志自由。如果是这种情形，主体不需要负责，至少不要负全责。所以，恩格斯说，"一个人只有在他握有意志的完全自由去行动时，他才能对他的行为负完全的责任。"[4]

由此看来，对行为是否担当责任的逻辑判断并不能只从结果出发，黑格尔提倡动机与行为的"内外统一"的原则是合情合理的。即在进行道德责任判断时，不仅要依据行为本身、行为结果的性质、状态，也要结合行为主体的理性认知能力、行为动机或目的来进行道德责任的裁量。"责任这个概念的落脚点在起因。在实践中，我们很容易确定：我们越是能够发现他的行为动机，就越会让肇事者担当责任。"[5]亚里士多德对于"责任"的探究也是在主体自愿性的前提下来主张责任担当的，那些出自外来压力、心理上的强

---

[1] 高兆明.存在与自由：伦理学引论[M].南京：南京师范大学出版社，2004：377.
[2] 因为心脏病发作，行为过程并不属于意志自由的选择。
[3] 林钟敏.责任的心理分析——介绍维纳新著《责任的判断》[J].心理学动态，1996（4）.
[4] 马克思恩格斯选集（第4卷）[M].北京：人民出版社，1995：78.
[5] 摩里兹·石里克.伦理学问题[M].孙美堂，译.香港：华夏出版社，2001：122.

迫、出于无知等因素发生的行为，主体并不要担当责任，至少是不需要担当全部责任的。

## 三、两种责任理论

责任概念是伦理学思想体系中关键性的范畴，所以自古希腊起，柏拉图、亚里士多德等人就开始对责任进行明确的阐述。不过责任作为伦理学的具体践履，其伦理思想内容也有根本的差异：一种责任思想体现为传统伦理学特点，另一种责任则是马特维西所称之的"新伦理"。康德责任思想是传统伦理学最为典型的，而约纳斯责任伦理则是这一"新伦理"最具代表性的。

### （一）康德责任理论

在康德的伦理学体系中，责任是核心的思想。所以有的学者说，康德的"责任"是伦理学的基本概念，而伦理学的基本问题在于说明"责任"。[1] 事实上，康德的责任思想主要是通过三个命题来展开的。

首先，第一个责任命题是：行为的道德属性由责任决定，或者说只有出于责任的行为才具有道德属性。在康德看来，道德法则无所谓中立性，即一种道德法则总是善的或者是恶的，因而任何一种道德法则都具有普遍必然性。"道德法则的天性从来就没有中性，或善或恶……，一个人不能同时既是部分的善，又是部分的恶。这是因为倘若他是部分的善，那他在自己的实践行为准则中就已经接受了道德法则；假若他同时在另一部分又是恶的，那既然只有一个况且是普遍适用的责任的道德法则，那么有关它的行为准则就必然是普遍适用的，……"[2]。由于道德的行为在于遵守了普遍必然的道德法则，进而康德断定从来就没有行为的中立性，行为要么是道德的，具有道德价值，要么就是非道德的，具有道德负价值。康德的道德法则无所谓中立

---

[1] 卢杰雄.康德道德观论析[J].外国哲学,第十五辑.
[2] 郑保华.康德文集[M].北京：改革出版社,1997：388.

性，实则是指任何行为都具有道德属性，这为他的责任理论作了理论准备。

康德的责任理论的又一理论预设是善良意志说，当然这一善良意志说则属于他的人性论学说范畴。康德认为人作为有限的理想存在者，具有向恶的习性。"第一个层次是，一般地在遵循既定行为准则时存在于人类心灵中的弱点，或是本性的脆弱一面；第二个层次是，把非道德的动机与道德动机混淆的习性①，就是不纯洁；第三个层次是，采用恶的行为准则的习性，那是人性或人的心灵的堕落。"②尽管人有恶的一面，不过人更有向善的习性，而这恰是人具有善良意志的根本前提。"（1）作为活的个体的人的属于动物天性的能力；（2）从人性上讲，他是一个活动的个体，同时又是一个理性个体；（3）从人格上讲，他是个有理性的个体，同时又是一个责任个体（有能力承担罪责）。"③在康德看来，人性中始终有善的一面，因而这一善性是人有无条件之善良意志的逻辑基点。

进而，康德认为，一切具有道德价值的行为都是在善良意志的作用下发生的，换句话说，人之行为的道德价值是完全依赖于人的善良意志的。譬如一个地痞流氓如果具有许多优秀的品质，如机智、勇敢、稳重，却没有善良意志，反而会给他人、社会带来更大的恶；权力等善事物如果没有善良意志指引，那么这些行为并不具有道德价值。"在世界之中和世界之外，除了善良意志之外，就没有一个无条件善的事物。善良意志还可能是他获得幸福不可缺少的条件。"④责任行为是以人的善良意志为前提的，人因为善良意志具有内在价值，所以出于责任的行为才具有道德价值。可见，"道德的第一个命题是：只有出于责任的行为才具有道德价值"⑤。这是责任的动机命题。

---

① 即使有时是出于善的目的和按善的行为准则去做事。
② 郑保华.康德文集[M].北京：改革出版社，1997：390.
③ 郑保华.康德文集[M].北京：改革出版社，1997：393.
④ 康德.道德形而上学原理[M].苗力田，译.上海：上海人民出版社，2002：8.
⑤ 康德.道德形而上学原理[M].苗力田，译.上海：上海人民出版社，2002：15.

第二个责任命题是：责任行为在于按照一系列道德规则和道德律令而为。在康德看来，所谓责任则是对一些道德规范和道德法则的无条件遵循，"一个出于责任的行为，所具有的道德价值并不取决于它要达到的什么意图，而是由被规定的道德准则所决定。"[1]这是指行为主体在社会实践中，必须实现自己的责任而并不需要去理会责任是什么。这可以称之为责任的形式命题。康德责任的形式命题意味着，任何有条件的行为都不具备道德价值，只有居于无条件的遵循道德规则才有道德意义，可见康德的责任命令是一种绝对道德命令。这也意味着道德律令和道德责任论在康德的伦理思想体系中获得了同构性。

第三个责任命题是："责任就是出于尊重规律而产生的行为必然性。"[2]它被称之为责任的尊重命题。这就是说，责任是以道德规律或道德法则为基础的，它要求主体的行为要吻合道德法则。正因为如此，所以责任是道德行为的来源，甚至是唯一的源泉。康德认为，有些行为尽管合乎责任，具有合法性，但由于并不是出于责任，因而并不能说是道德的行为。所谓出于责任的行为是指行为的道德价值并不取决于行为要实现的意图，满足主体的欲望、需要，而是指行为要遵循道德意愿——"通过理性概念自己产生出来的情感"[3]。譬如，保存生命是责任的行为，不过仅仅只是因为害怕恐惧等原因而保存生命则只是合乎责任的行为，并不能说是责任行为。而主体认为生命是可贵的，有保护生命不可推卸的责任，则是出于责任的行为，因而这种行为具有道德意义。康德在论证责任与道德规律相互关系的过程中，从现实社会生活实践入手，对合乎责任与出于责任的行为进行严格区分。他先后举了四个例子：（1）做生意童叟无欺；（2）保存自己的生命；（3）帮助别人；（4）增进自己的幸福。在他看来，行为主体富有同情心，能尽己之所能，买卖中童叟无欺等行为尽管与责任相吻合（即合乎责任），

---

[1] 康德.道德形而上学原理[M].苗力田,译.上海：上海人民出版社,2002：16.
[2] 康德.道德形而上学原理[M].苗力田,译.上海：上海人民出版社,2002：15.
[3] 康德.道德形而上学原理[M].苗力田,译.上海：上海人民出版社,2002：88.

但如果是为了某些利益，获取所谓的荣誉等，那么这样的行为并不是道德的行为。因为这些行为并不是出于责任，也并不是出于对道德法则的尊重。所以康德说，"责任的诫命越是严厉，内在尊严越是崇高，主观原则起的作用也就越少，尽管我们起劲地反对它，但责任诫命规律性的约束并不因之减弱，也毫不影响它的有效性"[1]，"除了责任的道德根据以外，我们找不到还有其他如此有力量的东西可以促使我们去从事一切善良的实践行为，去忍受巨大的牺牲……"[2]。

责任之所以在康德伦理学体系中占据如此显赫的地位，主要是根源于康德的"人是目的"的思想。"人是目的"是行为主体担当责任的最高依据。康德认为，人和动物本质的区别是，人是一个理性的存在者。不过，人区别于动物不仅只是因为有理性，还在于人的存在本身是一种目的。"在一切的被造物之中，人所欲求的事物和他可以去支配的事物都只能被当作手段；只有人以及与他一起，每一个理性的创造物，才是目的本身。所以，凭借其自由的自律，他就是道德法则的主体。"[3]人在世界中具有最高价值、绝对价值，所有其他存在物仅因服务于人——实现人自身这一目的才获得了存在价值。因而，所有其他存在物仅只是作为人的工具而有意义。"一切有理性的事物毫无疑义地要服从这样的规律，在任何时候谁都不能把自己和他人仅仅视为工具，而应该永远看作自身就是目的，这样就产生了一个由普遍客观规律约束起来的有理性东西的体系，产生了一个王国。"[4]"人是目的"意味着人所有的一切实践活动都是为了人存在，是为了自身之目的而有意义，而责任作为伦理实践的重要行为服务于"人是目的"从而获得了普遍价值。

康德从人是目的论出发，赋予了责任行为最高道德依据——人由于具有善良意志，在理性的作用下，人总是从"人是目的"这一最高依据来考量

---

[1] 康德. 道德形而上学原理[M]. 苗力田, 译. 上海：上海人民出版社, 2002: 84.
[2] 康德. 道德形而上学原理[M]. 苗力田, 译. 上海：上海人民出版社, 2002: 21.
[3] 康德. 实践理性批判[M]. 韩水法, 译. 北京：商务印书馆, 1999: 95.
[4] 康德. 实践理性批判[M]. 韩水法, 译. 北京：商务印书馆, 1999: 95.

他自己的行为是否合乎责任，是否出于责任。换句话说，正由于"人是目的"，所以一切社会实践活动都要出于责任而为，将担当责任自觉地内化为一种自律行为。

正因为人是目的，所以康德从自我和他人两个层面区分了两种不同类型的责任。康德将人对自我的责任划分为对自我的完全责任和对自我的不完全责任。在他看来，对自我的完全责任可以从两个方面去理解：一方面是作为动物性方面的对自我的完全责任，包括反对自身的戕害、对自身的玷污和对自我的陶醉；另一方面是作为道德性方面的对自我的完全责任，包括反对撒谎、奉承等。对自我的不完全责任包括自身自然方面的完善责任，如健康等，以及包括自身道德方面的完善责任。同时，康德将对他人和社会的责任也划分为完全的责任和不完全的责任。对他人的完全责任分为对他人的终身责任和对他人的尊重责任。对他人的完全责任分为与人为善、待人诚实，反对怨恨等。对他人的尊重责任是一种德性责任，譬如自大等都需要抵制。对他人的不完全责任包括人们相互之间的伦理责任。

康德是启蒙思想运动最有突出成就的哲学家。在他的批判哲学思想体系里，就宏观上讲，一方面是反对科学上的愚昧主义，从而建立科学之上的形而上学体系；另一方面是道德上反对利己主义，主张自由意志的普遍必然性，捍卫自由和责任。在他的责任思想体系中，他从"人是目的"这一核心旨趣出发来构建责任伦理思想无疑凸显了人的主体性地位，张扬了人的自由性，提高了人的尊严和地位。同时，他主张只有出于纯粹动机的责任行为才具有道德价值的思想无疑有利于培育人的德性。不过，康德过于强调责任主体的道德自律，强调"人为自己立法"，而忽视他律的约束，这无疑会使责任在现实社会实践中陷入虚无主义境地。所以后来黑格尔对康德"责任"的这一空洞性做了尖锐的批判——对于纯粹的责任而言，人的内心一旦缺失了这些道德信念，那么这种道德法则对人的约束力就会变得非常有限，甚至是无能为力的。[①]

### （二）约纳斯的责任伦理

技术文明尽管给人类带来了物质上的繁荣、生活上的便利，却也引发了一系列生态问题。譬如全球性气候变暖、某些物种绝迹、生存环境恶化，甚至人类时刻笼罩在核威胁的恐怖空间里，而这些问题单纯从技术进步的层面已经无力解决。技术进步"将以不可遏制的势头远离我们人类，奔向灾难"[②]。于是，一些具有强烈忧患意识的人文学者从伦理学角度出发，呼吁人类从责任的角度去关注人类的生存。约纳斯便是这一责任伦理的代表性人物。约纳斯的责任伦理思想主要体现于《责任原理：技术文明的伦理研究》《技术、医学与伦理学——责任原理的实践》《生命原则》等著作中。其责任伦理思想主要体现为：责任伦理是一种远距离伦理学，与传统伦理学不同。传统伦理学强调以"人是目的"为逻辑依据——强调以人为中心来处理、协调各种人伦关系。"无论是基督教的良心论，抑或是亚里士多德的德性论；无论是密尔的功利主义抑或是康德的义务论，无论是罗尔斯的正义论，抑或其他道德相对主义，所有这些伦理学无一不是一种人类中心主义的伦理学。"[③]传统伦理学以当代活着的人为道德关怀对象，关注于对他们的道德规范约束和伦理品质培育，所以约纳斯认为这些伦理学在本质上都是一种"近距离的伦理学"。事实上，"以前没有哪一种伦理学曾考虑过人类生存的全球性条件及长远的未来，更不用物种的生存了"[④]。传统伦理学所强调的和谐关系仅是囿于现实场域中人与人之间，诸如"己所不欲，勿施于人"的道德行为原则强调的是有限空间内人际关系的处理。然而，约纳斯认为，随着科学技术作用在人类生活实践中的日

---

[①] 黑格尔.法哲学原理[M].贺麟，译.北京：商务印书馆，1996：118.
[②] Hans Jonas. The Imperative Of Responsibility: In Search of an Ethics for the Technological Age [M]. Chicago: University of Chicago Press, 1985: 11.
[③] 张旭.技术时代的责任伦理学：论汉斯·约纳斯[J].中国人民大学学报，2003（2）.
[④] 转引自甘绍平.应用伦理学前沿问题研究[M].南昌：江西人民出版社，2002：115.

益深入，传统的一些伦理原则显然已经远远不能适应形势的发展变化了，"新的力量种类要求要有新的伦理规则"①。因而，他要求判断人类行为的道德正当性并不能仅只是依据于行为当下的状况或情境，而是要考量行为是否对未来、长远负责——"我们务必要对自己的行为作自觉的责任限制，决不能让我们拥有的那些如此巨大的力量摧毁我们自己（包括我们的子孙后代）。"②

约纳斯的责任伦理学是在对现代技术文明所带来的各种危机的深刻反思之基础上建立并得到迅速推广的。因为"责任伦理原则在解决当代人类面对的一系列复杂问题时是最适当、最重要的一条道德原则，并且在面对当代科学技术带来的一系列巨大挑战面前，责任伦理这一概念又恰好表征了它所应有的一种精神需求与精神气质。总之，责任伦理之所以能够超越学术范围，引起社会足够的关注，就在于它适应了时代的精神"③。一方面，约纳斯本着对人类持续发展的信念，要求人类的一切行为要对自然的未来负责，"我们除了对人自身有保护的义务外，将作为整体的生物圈以及人类赖以生存的大自然视为我们应当保护的对象也是我们的义务，当然这一保护义务并不是为了人类自身，而是为了自然本身。"④另一方面，约纳斯认为，人要对人类的未来负责，而不仅只是将当下活着的人视为道德责任对象——"那些没有出生，当然也不可能提出出生之要求的未来的人也是道德的对象"⑤。对未来负责包括两个方面：一是确保未来人类的存在，二是要保证后代的生活质量。在约纳斯看来，如今我们人类由于广泛应用技术所带来的一系列后果正在严重威胁着人类的未来生存和质量，所以他说，"因此，从未来主体预期的存在权利来看，如今作为因果

---

① 约纳斯. 技术、医学与伦理学——责任原理的实践[M]. 张荣, 译. 上海：上海译文出版社, 2008: 273.
② 转引自甘绍平. 忧那思等人的新伦理究竟新在哪里? [J]. 哲学研究, 2000(12).
③ 转引自甘绍平. 忧那思等人的新伦理究竟新在哪里? [J]. 哲学研究, 2000(12).
④ 转引自甘绍平. 应用伦理学前沿问题研究[M]. 南昌：江西人民出版社, 2002: 115.
⑤ 甘绍平. 忧那思等人的新伦理究竟新在哪里? [J]. 哲学研究, 2000(12).

主体的我们就有一个相应的责任，它要求我们人类要对后一代负责，要求我们人类的影响范围伴随着我们的事业延伸到未来的时间、空间和深度中去"[1]。

实际上，约纳斯责任伦理的核心原则是拓展责任的对象和范围，"你的行为务必是行为后果要考虑到承担起地球上真正的人的生命持续的义务。"按照一种否定表达方式则是，"你的行为务必是行为后果不能破坏地球上人的生命之未来的可能性"[2]。与传统伦理学不同，责任关怀的对象不仅为当代人，还进一步扩大为未来之人，除了人之外，大自然其他一切生物都是道德关怀的对象。

责任伦理是一种整体性伦理学。[3]现代社会是一个技术文明时代，在这样一个时代中，"技术不再是人能完全控制和应用的一个工具、手段，相反，它成了正深刻着影响着人和自然关系改变的强大力量"。而且，如今"技术充当了人之欲望的承载物，是人的意志的体现，是人的权力的象征"[4]。这就是说，个体在技术面前已经无能为力，技术所涉及的行为已经不再是一种个体行为而是表现为一种整体性的行为，"个体"被"集体"、"我"被"我们"所代替，许多行为和决策成为"集体的政治事情"。由此，对这些"集体的政治事情"无法能让个体作为责任主体来担当，相反，"我们"成为名副其实的责任主体。因此，责任原则所要揭示的义务种类是作为我们政治社会整体的那种行为主管的责任而并非是作为个体主管的责任。所以约纳斯说，"个人的权力也许从比例上看甚至变得更加渺小，而无疑变得更加伟大的是集体的相对的权力，即集体性行为主体"[5]。这就使得

---

[1] Hans Jonas. The Imperative Of Responsibility: In Search of an Ethics for the Technological Age [M]. Chicago: University of Chicago Press, 1985: 41.

[2] 转引自张旭. 技术时代的责任伦理学: 论汉斯·约纳斯[J]. 北京: 中国人民大学学报, 2003（2）.

[3] 甘绍平. 忧那思等人的新伦理究竟新在哪里?[J]. 哲学研究, 2000（12）.

[4] Hans Jonas. The Imperative of Responsibility: In Search of an Ethics for the Technological Age [M]. Chicago: University Of Chicago Press, 1985: 95.

[5] 约纳斯. 技术、医学与伦理学——责任原理的实践[M]. 张荣, 译. 上海: 上海译文出版社, 2008: 13.

"现代技术文明在伦理学上提出的重大问题中的绝大部分是集体政治的事情"[①]。可见，约纳斯的责任伦理并非是传统意义上的个体伦理学，而是一种整体伦理学。然而这并不是说，约纳斯要否定个体的责任。事实上，人类整体性行为都是由无数个体行为组成的集合体，"我们本身就是其中的因素"，对人类子孙后代负责、对自然负责是我们每一个行为共同发挥作用的。为此，约纳斯提了两点具体建议：一是加大正确观点的影响，而正确的观点一般都由个人掌握；二是选派合理的人选去执行正确的意志、方案或决策。

责任伦理也是一种连续性伦理学。[②]约纳斯将责任伦理设定了一个原型关系，"所有责任的原型就是父母对孩子的关系"。这意味着人对自然和社会未来的责任要如同父母对孩子的关爱一样，是连续的。在约纳斯看来，父母以及政府当局都不可能让责任间断，因为他们的责任关怀对象的生命是持续不断的。这如同船长，他的责任就是把每一个乘客安全地送达到目的地，而不论乘客是干什么的，是什么样的身份。由此看来，约纳斯的责任伦理关注责任担当的连续性——责任主体不仅关注于行为的过去、现在，对过去和现在所做之事负责，而且重视未来，对未来负责，因而约纳斯的责任伦理也可以说是一种全程伦理学。

实际上，约纳斯的责任伦理思想主张要对自然负责、对人类的未来负责，强调整体性行为的责任，其全部要义就是要使人类持续生存下去——"当人类行为具有巨大威胁之时，作为整体的人类的存在或本质决不能被当作赌注"[③]。在约纳斯看来，人类的可能性大灾难的根源在于技术进步，而追求技术进步的思想根源当然是知识工具论。自培根提出"知识就是力量"的命题以来，从近代社会到现在，知识改造了世界，征服了自然，尽管它给

---

[①] 约纳斯. 技术、医学与伦理学——责任原理的实践[M]. 张荣, 译. 上海：上海译文出版社, 2008：13.

[②] 方秋明. 约纳斯的责任伦理学研究[D]. 上海：复旦大学, 2004.

[③] Hans Jonas. The Imperative of Responsibility: In Search of an Ethics for the Technological Age[M]. Chicago: University Of Chicago Press, 1985：37.

人类带来了巨大的物质财富，然而它也让世界变得越来越不可控、不安全，因为技术进步带来了巨大的经济学和生物学成功——经济成功膨胀了人们的无限欲望，最终会带来资源的稀缺；生物学的成功会带来人口的巨大增幅，从而影响全球新陈代谢的平衡，资源稀缺而人口却在增加完全有可能是场全球性灾难。[1]基于这种可能性的全球灾难，责任伦理学的根本旨趣是"为了推动整个社会建立起一种防范意识，预防人类不负责任的行为后果给人类本身带来的威胁，阻止罪恶与痛苦，维护生命个体及生命种类的延续"[2]。可见，责任伦理学是"一种保存和保护伦理学，而不是传统伦理学意义上的完善和发展的伦理学"[3]，这意味着对人来说，首要的是使人的存在继续下去而不是如何使人得到完美或发展。通俗地说，人类的持续生存相对于人类的进步和完美而言，占压倒性优先地位。"目前，所有从事于'真正'的人的工作必须让位于它的前提的拯救，即人类在一个充分的自然环境中的生存。"

既然责任伦理学的根本目的是让人类持续生存下去，那么防止全球性的大灾难，维持人类生存的力量又在哪呢？约纳斯在《责任原理》中认为人类的力量太过于强大[4]，它对人类自身和自然构成了巨大的威胁，因而依赖于技术本身是不可避免人类毁灭的可能性的。于是，他提出了两点建议。一是加强预测知识的研究，并遵循优先预凶的原则，及时、准确地预见技术给人类带来的可能性恶。因而从这个意义上论，道德责任行为并不是去"实践一种最高的善（这或许根本就是一件狂傲无边的事情），而在于阻止一种最大的恶"[5]。二是遵循禁欲道德原则。约纳斯认为马克思给人类最大的一份

---

[1] 方秋明. 约纳斯的责任伦理学研究[D]. 上海: 复旦大学, 2004.
[2] 甘绍平. 应用伦理学前沿问题研究[M]. 南昌: 江西人民出版社, 2002: 137.
[3] Hans Jonas. The Imperative of Responsibility: In Search of an Ethics for the Technological Age[M]. Chicago: University Of Chicago Press, 1985: 139.
[4] 这种强大主要表现为以技术物化的形式在改造自然、征服自然的社会实践中。
[5] Hans Jonas. The Imperative of Responsibility: In Search of an Ethics for the Technological Age[M]. Chicago: University Of Chicago Press, 1985: 47.

精神财产就是倡导道德教育，主张厉行节约。在约纳斯看来，人类资源最终会走向枯竭，所以人类要持续生存就得学会克制，"倘若可以把人类事业交托给一种广泛传播的'正确意识'，那它就促进了公共理想主义，能使自己的后代和其他地区（国家）的同时代人过上自我克制的生活，而且这一生活在道德上、实践上都是我们值得向往的"[1]。这就要求我们当代人要放弃享乐主义、放弃近乎疯狂式的不审慎的行为。事实上，责任伦理学倡导的这一切，归根到底，在于一个全球责任政治、责任政府的实现，因为"最好的政府对未来也是最好的"[2]。

## 四、新时代我国教育责任

### （一）新时代我国教育责任的内涵

1.培养坚持中国道路，能满足党、国家、人民需要的人才是教育的首要责任

教育的本质属性之一是上层建筑性，它具有高度的意识形态性。一定时期的教育总是基于国家特定的政治、经济、文化等需要来实施，从来不存在抽象的、普遍的、超意识形态性的教育，"以为教育绝对是独立的，与其国之政治等等毫不相关，殊不知此为不可能之事，何以呢？因为离开制度上和组织上的需要，教育立刻会变成空洞之物，试问绝无所用的空洞的教育还有教育上的意义吗？"[3]中国特色社会主义教育的首要责任是培养有坚定理想信念，自觉增强对坚持党的领导的信念，永远紧跟党高举起中国特色社会主义伟大旗帜，热爱党、热爱祖国、热爱人民，准备着为实现中华民族伟大复

---

[1] Hans Jonas. The Imperative of Responsibility: In Search of an Ethics for the Technological Age [M]. Chicago: University Of Chicago Press, 1985: 149.

[2] Hans Jonas. The Imperative of Responsibility: In Search of an Ethics for the Technological Age [M]. Chicago: University Of Chicago Press, 1985: 15.

[3] 丘景尼. 教育伦理学 [M]. 福州：福建教育出版社，2006：10.

兴的中国梦贡献力量的中国特色社会主义合格建设者和可靠接班人。

2.引导学生立德，塑造完美人格是教育的基本责任

理想的教育是成才与成人、育才与育人的完美统一。人才的素养、水平有高有低，但无论人才水平高低如何，都总是以一定的"德"来要求。换句话说，不同历史时期、不同社会意识形态下的教育总是按照上层建筑要求来规定人才的道德性，人才从来就不存在"德"的普遍性、抽象性——人才是以一定世界观、政治信仰、理想信念为具体标签的，那些鼓吹教育应以培养超越民族国家情怀的世界公民这种所谓的理想谋划，注定是一种乌托邦式的设想。"所以，古今中外，每个国家都是按照自己的政治要求来培养人的，世界一流大学都是在服务自己国家发展中成长起来的。我国社会主义教育就是要培养社会主义建设者和接班人。"①中国特色社会主义教育十分重视成才与育人相统一，而育人则以立德为本。这是教育的基本职责。所以习近平总书记常常如是叮嘱我们的教师，"希望全国广大教师牢固树立中国特色社会主义理想信念，带头践行社会主义核心价值观，自觉增强立德树人、教书育人的荣誉感和责任感，学为人师，行为世范，做学生健康成长的指导者和引路人"②。

人才培养以立德为根本。习近平在有关中国特色社会主义教育论述中，多次阐发了立德的基本内容。其一，是要有坚定的理想信念，广大学生要"不断增强道路自信、理论自信、制度自信，增强对坚持党的领导的信念，永远跟党高高举起中国特色社会主义伟大旗帜"③。要有正确的政治方向，我们的教育要"教育他们④学会运用马克思主义立场观点方法观察世界、分析世界，真正搞懂面临的时代课题，深刻把握世界发展走向，认清中国和世界发展大势"，每一个学生"做社会主义核心价值观的坚定信仰者、积极

---

① 习近平.在北京大学师生座谈会上的讲话[N].人民日报，2018-5-3(1).
② 习近平.习近平向全国广大教师致慰问信[N].人民日报，2013-9-10(1).
③ 习近平.在同各界优秀青年代表座谈时的讲话[N].人民日报，2013-5-5(1).
④ 这里指学生。

传播者、模范践行者"①。这是教育要履行引导我们学生明大德的责任。其二，立德是人格的不断完善。人格从来不是一种遗传，不会自然生成。人格完善是主体在一定的道德认知、道德理解、道德认同的前提下的内化养成，它是"一个文化环境熏陶与主动教育，以及主体自我修身相统一的过程"②。这一过程中教育的影响力最大——"教师重要，就在于教师的工作是塑造灵魂、塑造生命、塑造人的工作"③。中国梦是高度物质文明和精神文明的统一，是中国特色社会主义的本质体现。如今各种功利主义、享乐主义、拜金主义等人格扭曲现象层出不穷，这赋予了中国特色社会主义教育在塑造人的社会责任感、奉献精神等完美人格上更大的使命，"广大教师要用好课堂讲坛，用好校园阵地，用自己的行动倡导社会主义核心价值观，用自己的学识、阅历、经验点燃学生对真善美的向往，使社会主义核心价值观润物细无声地浸润学生们的心田、转化为日常行为，增强学生的价值判断能力、价值选择能力、价值塑造能力，引领学生健康成长"④。"好老师要有'捧着一颗心来，不带半根草去'的奉献精神，自觉坚守精神家园、坚守人格底线，带头弘扬社会主义道德和中华传统美德，以自己的模范行为影响和带动学生。"⑤

3.促进学生全面发展是教育的核心责任

众所周知，社会是人的社会，人又是一定社会中的人，任何人总是作为目的和手段双重属性存在的，因而理想的教育便以实现社会价值与个人价值的统一为标签。然而，古往今来，许多教育家、哲学家们在对待教育目的

---

① 习近平.在北京大学师生座谈会上的讲话[N].人民日报，2018-5-3(1).

② 刘芳.论德性的养成[M].北京：中央编译出版社，2016：1.

③ 习近平.做党和人民满意的好老师——同北京师范大学师生代表座谈时的讲话[N].人民日报，2014-9-10(1).

④ 习近平.做党和人民满意的好老师——同北京师范大学师生代表座谈时的讲话[N].人民日报，2014-9-10(1).

⑤ 习近平.做党和人民满意的好老师——同北京师范大学师生代表座谈时的讲话[N].人民日报，2014-9-10(1).

的取向上，总是偏执于社会价值一端。对于古希腊的柏拉图、亚里士多德、中国的孔子而言，教育无疑应是穷极于人的精神世界的理想构建，以效用于经世致用。亚氏认为教育在于发展人的理性智慧和德性智慧，以适应国家政治统治的需要[①]；孔氏认为，教育以"学以致其道""修德学道"为己任，教育贵在"君子不器"，所以从教的方面，"传道"是第一位的，从学的方面，"学道"是第一位的[②]。

尽管这些思想是对"教育的本质属性是上层建筑"命题的具体诠释，在积极层面上维护了当时社会的等级化和谐与国家稳定。但站在人的发展角度来看，它们无视了人的主体性，人完全成了教育中一种纯粹的客体性质的对象性存在者。因而，这种教育所培养出的人并不具有独立、健全的人格，而且绝无科学素养而言。

习近平新时代中国特色社会主义思想始终以"人民"为基本逻辑起点和归宿，始终关切于"人民对美好生活的向往，就是我们的奋斗目标"。由于"教育是人类传承文明和知识，培养年轻一代、创造美好生活的根本途径"，因而，基于"人民中心"观，教育成为习近平中国特色社会主义思想的重要内容。我们的教育既要让受教育者具有"奉献社会、造福人民的能力"，也要让受教育者具备"获得发展自身"的能力，"百年大计，教育为本。教师是立教之本、兴教之源，承担着让每个孩子健康成长、办好人民满意教育的重任"[③]。中国特色社会主义教育以培养为人民服务、为中国特色社会主义服务、为改革开放和社会主义现代化服务的社会主义事业建设者和接班人为首要责任，并不是无视受教育者的主体性和创造性，并不是把受教育者当作"物"来形塑并将其当作"产品"来生产和加工，也并不是按照模型来格式化人，而是以促进每个受教育者德智体美的全面发展、以促进人文素养与科学素养和谐统一的主体性张扬为价值目的。所以，习近平在北京大

---

[①] 张法琨. 古希腊教育论著选[M]. 北京：人民教育出版社，2007：284.
[②] 陈来. 从思想世界到历史世界[M]. 北京：北京大学出版社，2016：10.
[③] 习近平. 习近平向全国广大教师致慰问信[N]. 人民日报，2013-9-10（1）.

学师生座谈会上的讲话中,明确阐发了教育目的,"我们的教育要培养德智体美全面发展的社会主义建设者和接班人"①。这一目的性和工具性相统一的教育目的观鲜明地确立了人在教育中的主体性地位,明确地告诉我们教育以促进人的个性化全面发展为己任,教育不是支配,教师要"做学生健康成长的指导者和引路人""做学生锤炼品格的引路人,做学生学习知识的引路人,做学生创新思维的引路人,做学生奉献祖国的引路人"②。

4.传承与交流人类文明,创造美好世界是教育的重要责任

文明是幸福、美好生活的基础,愚昧、落后、封闭会阻碍和断送幸福且美好的生活。"中国共产党是为中国人民谋幸福的政党,也是为人类进步事业而奋斗的政党。中国共产党始终把为人类作出新的更大的贡献作为自己的使命。"③因而,中国特色社会主义教育始终以传承与交流人类文明为重要使命。创造中国人民美好生活、推动人类命运共同体持续发展与繁荣,这是由中国共产党的历史使命与中国特色社会主义本质所决定的。

一方面,中国特色社会主义教育以促进人类文明的交流与开放为重要责任。其价值取向是国家的、民族的,它服务于中国人民、服务于中国特色社会主义、服务于中国改革开放和社会主义现代化建设。"中国特色、世界水平的现代教育必须具有国际视野,以宽广的胸怀、平等包容互鉴的态度对待其他国家的教育,通过交流沟通、学习借鉴不断提升水平""中国将加强同世界各国的教育交流,扩大教育对外开放,积极支持发展中国家教育事业发展"④"努力发展全民教育、终身教育,建设学习型社会,努力让每个孩子享有受教育的机会,努力让13亿人民享有更好更公平的教育,获得发展自

---

① 习近平.在北京大学师生座谈会上的讲话[N].人民日报,2018-5-3(1).
② 迟宝东.习近平总书记教育重要论述讲义[M].北京:高等教育出版社,2020:206.
③ 习近平.决胜全面建成小康社会 夺取新时代中国特色社会主义伟大胜利——在中国共产党第十九次全国代表大会上的报告(2017年10月18日)[M].北京:人民出版社,2017:57-58.
④ 习近平.在联合国"教育第一"全球倡议行动一周年纪念活动上发表视频贺词[N].人民日报,2013-9-27(3).

身、奉献社会、造福人民的能力。"[1]这些阐述彰显了中国特色社会主义教育以传承与交流人类文明为重要责任，以创造中国人民幸福美好生活为逻辑起始与基本归宿。另一方面，中国特色社会主义教育以促进人类文明的交流与开放为重要责任，其价值取向是世界的、全人类的，服务于人类命运共同体的美好生活。在全球化的浪潮中，国与国之间的交流进一步紧密，文明间的冲突也在加剧。这赋予教育在担当启蒙平等思想、启迪生活智慧中更重要的责任，在教育的交流中让世界人们认识到平等、包容、尊重是人类文明的共同价值观，"通过普及教育，启迪心智，传承知识，陶冶情操，使人们在持续的格物致知中更好认识各种文明的价值，让教育为文明传承和创造服务。"[2]

（二）人民、中国梦、人类命运共同体：新时代教育责任的现实逻辑需要

习近平在新时代中国特色社会主义思想论述中，多次论述了中国特色社会主义教育所担当的责任至少来自广大人民、中国梦以及人类命运共同体三方面的现实逻辑需要。

1.人民期盼有更好的教育，是教育担当责任的社会民生需要

一直以来，人们通过教育来传授已知、更新旧知、启迪新知、探索未知，从而拥有认识世界、改造世界、创造世界的力量，更好地创造自己的幸福美好生活。这是教育的工具理性价值意义。人的幸福也是精神上的富足，人们通过教育净化心灵、顿悟灵魂，内心安然，它是幸福生活的精神食粮。这是教育目的理性价值。许多思想家都赋予了教育对人的内在价值或工具价值意义。古希腊圣贤亚里士多德主张教育在于促进人的理性发展。在他看来，人只有在理性的指导下才能有合德性的行为，进一步说明只有理性之人才能过上"闲逸""沉思"的幸福生活[3]，所以，亚氏赋予了教育—理性—

---

[1] 习近平.在联合国"教育第一"全球倡议行动一周年纪念活动上发表视频贺词[N].人民日报，2013-9-27(3).
[2] 习近平.2014年3月27日在联合国教科文组织总部的演讲[J].求是，2019(9).
[3] 亚里士多德.尼各马可伦理学[M].廖申白，译.北京：商务印书馆，2003：112.

德性（德行）—幸福这一教育为幸福人生的内在价值和外在价值意蕴。培根说"知识就是力量"，人们通过知识祛魅、摆脱愚昧；斯宾塞说，教育就是为人的完美幸福生活做准备，这些则是更多地赋予了教育在创造物质幸福方面的功能价值。总而言之，人们总是欲求于教育能给他们带来更多的物质与精神上的收获，这是教育担当责任的本体基础。

中国共产党始终以谋求广大人民福祉为根本使命，它同广大群众血肉相连。毛泽东思想坚持党的工作从群众中来到群众中去，将"一切为人民服务"作为党的工作基本宗旨，邓小平理论坚持中国特色社会主义的本质是解放和发展生产力，实现人民共同富裕，"三个代表"重要思想坚持中国共产党始终代表着中国最广大人民的利益，"科学发展观"坚持以人民为本的标准来判断所有工作的成效。可见，中国共产党的立党为民、执政为民的本质从来没有褪色和改变。自党的十八大以来，中国进入了新时代，坚持以人民为中心是习近平新时代中国特色社会主义思想的主要内容。他多次强调，一切工作必须倾听人民心声，以百姓心为心，"面向未来，我们必须坚持同人民在一起。人民是历史的创造者。我们要紧紧依靠人民，充分发挥人民主体作用，尊重人民首创精神，为了人民干事创业，依靠人民干事创业。我们要坚持'以百姓心为心'，倾听人民心声，汲取人民智慧，始终把实现好、维护好、发展好最广大人民的根本利益作为一切工作的出发点和落脚点，让发展成果更多更公平惠及全体人民"①。教育从来都是为中国共产党人所关注、关切的一项重要工作，因为"教育是人民创造美好生活的根本途径"，因为教育责任的履行是落实中国特色社会主义"一切为人民谋幸福"本质要求的重要载体。所以，习近平在十八届一中全会后中央政治局常委与中外记者见面会上的讲话中指出，人民热爱生活，期盼有更好的教育。"人民期盼有更好的教育"是百姓的心声，"以百姓心为心"，在现实中它要求中国特色社会主义教育更多地承担起自己的教育责任与使命担当，培养出党和人民

---

① 习近平. 在庆祝中华人民共和国成立65周年招待会上的讲话[N]. 人民日报, 2014-10-1(2).

满意的、德智体美劳全面发展的、中国特色社会主义事业的建设者和接班人。

可见，履行中国特色社会主义教育责任必须坚持人民主体性的唯物本体论，必须坚持"从群众中来到群众中去"的实践方法论，它彰显并落实了中国特色社会主义教育的民生需要。

2.实现中国梦需要培养德才兼备各级各类人才，是教育担当责任的国家需要

中国共产党自成立之日起，始终以"为中国人民谋幸福、为中华民族谋复兴"为初心。在当代，完成中国共产党的初心是实现中国梦。中国梦的实现不可能唾手可得，"离不开筚路蓝缕、手胼足胝的艰苦奋斗"，而这需要广大有理想、有担当、有才华的青年勇于创新创造，锲而不舍、驰而不息地奋斗。

在中国梦的实现进程中，"发展是第一要务，创新是第一动力，人才是第一资源"。

发展是目的，是谋求中国人民的幸福与中华民族的伟大复兴，它是中国特色社会主义本质要求。发展这一本质要求与目的则需要源源不断地创新创造，需要有"探索真知、求真务实的态度"和"努力在改革开放中闯新路、创新业，不断开辟事业发展新天地"的精神。这是实现中国梦的实践方法论。创新离不开人才。由于人才是发展与创新创造的决定性要素，所以归根到底还是人的素质与能力决定着中国梦的实现。从这个角度来看，人充当了中国梦实现（发展与创新）的工具价值意义。所以在发展、创新、人才三维中，人才是事物变化（中国梦实现）的根本性要素，具有工具价值意义，"功以才成，业由才广。世上一切事物中人是最可宝贵的，一切创新成果都是人做出来的。硬实力、软实力，归根到底要靠人才实力。"[1]基于中国梦实现的本质途径维度，习近平以辩证唯物论思维方式深刻认识到，大力兴教

---

[1] 习近平.在中国科学院第十九次院士大会、中国工程院第十四次院士大会上的讲话[N].人民日报，2018-5-29(1).

育是实现中国梦最根本的实践方式,"'两个一百年'奋斗目标的实现、中华民族伟大复兴中国梦的实现,归根到底靠人才、靠教育。源源不断的人才资源是我国在激烈的国际竞争中的重要潜在力量和后发优势。希望广大教师认清肩负的使命和责任,努力为发展具有中国特色、世界水平的现代教育,培养社会主义事业建设者和接班人作出更大贡献"[①]。

中国梦实现需要兴教育,这属于哲学方法论。但是,方法论各不相同,所以必须解决什么样的教育才是实现中国梦这一方法价值论的问题。习近平在新时代中国特色社会主义思想中多次鲜明地指出了中国特色社会主义教育的责任担当与中国梦的关系。中国梦的实现与建设中国特色社会主义事业的本质目的是一致的,"在新的历史时期,中国梦的本质是国家富强、民族振兴、人民幸福"[②],所以发展好、维护好、建设好中国特色社会主义就是不断实现中国梦。因此中国梦的实现必须坚持中国道路、坚持中国特色社会主义,"我们要全面建成小康社会、加快推进社会主义现代化、实现中华民族伟大复兴,必须始终高举中国特色社会主义伟大旗帜,坚定不移坚持和发展中国特色社会主义"[③]。"实现中国梦必须走中国道路。这就是中国特色社会主义道路。这条道路来之不易,它是在改革开放30多年的伟大实践中走出来的,是在中华人民共和国成立60多年的持续探索中走出来的,是在对近代以来170多年中华民族发展历程的深刻总结中走出来的,是在对中华民族5000多年悠久文明的传承中走出来的,具有深厚的历史渊源和广泛的现实基础。"[④]中国特色社会主义教育是中国特色社会主义的重要组成部分,由此中国特色社会主义教育能否担当起"培养数以亿计德智体美全面发展的社会主义事业的建设者和接班人"的时代与历史责任决定着中国梦实现的进程。

---

① 习近平. 做党和人民满意的好老师——同北京师范大学师生代表座谈时的讲话[N]. 人民日报, 2014-9-10(1).
② 习近平. 习近平谈治国理政(第一卷)[M]. 北京: 外文出版社, 2014: 56.
③ 习近平. 紧紧围绕坚持和发展中国特色社会主义 学习宣传贯彻党的十八大精神[N]. 人民日报, 2012-11-19(1).
④ 习近平. 在第十二届全国人民代表大会第一次会议上的讲话[N]. 人民日报, 2012-11-19(1).

脱离了中国特色社会主义性质的教育，就没有中国教育的责任与担当，中国梦就不可能实现，这是中国梦实现需要中国特色社会主义教育的方法价值论问题。

中国梦的实现是人民在物质上和精神上的共同富有，缺乏精神文明只有物质的高度发达不是中国梦的全部内涵，"实现中国梦，是物质文明和精神文明均衡发展、相互促进的结果。没有文明的继承和发展，没有文化的弘扬和繁荣，就没有中国梦的实现。中华民族的先人们早就向往人们的物质生活充实无忧、道德境界充分升华的大同世界。中华文明历来把人的精神生活纳入人生和社会理想之中。所以，实现中国梦，是物质文明和精神文明比翼双飞的发展过程。"[①]毋庸置疑，中国特色社会主义教育要担当起塑造人之心灵、锤炼人之品性、丰富人之德性的责任与使命，教育我们的受教育者不断提高政治觉悟、道德品质、文化素养，做到明大德、守公德、严私德。因此，中国特色社会主义教育"要把立德树人的成效作为检验学校一切工作的根本标准，真正做到以文化人、以德育人"，"做到以德立身、以德立学、以德施教"[②]。可见，教育担当什么样的育人责任，是所在时代的道德生活品质的需要。中国特色社会主义教育以立德树人为根本，是中国特色社会主义本质要求与中国梦的实践目的所决定的，是当代中国的国家需要。

3.教育担当起传承与交流人类文明责任，是人类命运共同体和谐发展的世界需要

习近平在谈及中国共产党的初心时指出，我们所做的一切不仅要为中国人民谋幸福，为民族谋复兴，而且要为世界谋大同，构建人类命运共同体。中国特色社会主义教育是中国共产党不忘初心、担当使命极其重要的实践载体，它所要担当的责任是国内外两个客观主体的现实需要所决定的，即不仅是党、人民、国家、民族的需要所决定的，也是人类命运共同体这一新时代

---

① 习近平. 出席第三届核安全峰会并访问欧洲四国和联合国教科文组织总部、欧盟总部时的演讲[M].北京：人民出版社，2014：16-17.

② 习近平. 在北京大学师生座谈会上的讲话[N].人民日报，2018-5-3(1).

世界性客观主体所处的状况以及所面临的挑战、困难和需要解决的问题等所决定的。

如今,信息与科技的飞速发展让地球变成了一个村,变成了共生共存的共同体,国际间的信息、知识、技术的交流、交换盛况空前。信息、知识、技术总是作为客观性的对象性要素而存在,它们对促进共同体之间的效用与功能价值无疑取决于来从事传播、交流的具有能动性、主体性的人。毋庸置疑,"教育应该顺此大势,通过更加密切的互动交流,促进对人类各种知识和文化的认知,对各民族现实奋斗和未来愿景的体认,以促进各国学生增进相互了解、树立世界眼光、激发创新灵感,确立为人类和平与发展贡献智慧和力量的远大志向"[1]。

通常每个民族都有自己特有的文明,特别是民族国家之间文明的内涵、特征与表现形式是有差异的,而使人类文明表现出多样性、特殊性、差异性等特征。"和而不同"为人类解决文明冲突提供了最好的实践方法论,其本质是倡导国际间文明的差异、平等、包容。为此,"我们要积极发展教育事业,通过普及教育启迪心智,传承知识,陶冶情操,使人们在持续的格物致知中更好地认识各种文明的价值,让教育为文明传承和创造服务"。借助教育,"我们应该推动不同文明相互尊重、和谐共处,让文明交流互鉴成为增进各国人民友谊的桥梁、推动人类社会进步的动力、维护世界和平的纽带"[2]。

总之,人类命运共同体的本质特征是知识、信息、技术的交流与共享,多样文明的平等、包容与互鉴。教育担当什么样的责任是历史的,也是未来的,这些本质特征要求我们的教育在担当传播、交流多样文明的使命中有更大作为。"我们不能因现实复杂而放弃梦想,不能因理想遥远而放弃追求。没有哪个国家能够独自应对人类面临的各种挑战,也没有哪个国家能够退回

---

[1] 清华大学苏世民学者项目启动仪式在京举行,习近平奥巴马致贺信[N].人民日报,2013-3-18(1).
[2] 习近平.在联合国教科文组织发表重要演讲——文明因交流而多彩,文明因交流而互鉴[N].人民日报,2014-3-28(1).

到自我封闭的孤岛。"①中国特色社会主义教育担当的世界责任是对当前人类命运共同体面临的诸多问题寻求正确解决的积极呼应,这也是促进人类共生共存的世界需要。

（三）美德、制度：新时代教育责任实现的二重逻辑诉求

要切实履行新时代中国特色社会主义教育责任,必须至少从美德培育、制度契约努力才能保障责任主体尽职尽责。

1.培育责任主体智慧、忠诚、仁爱、正义道德品质,让履行教育责任成为自觉

教育责任的本质内涵是教育主体②做好自己分内的事情,是教育主体的核心伦理生活。对教育责任的担当意味着教育主体对完成教育肩负的使命和任务的自觉认可,并付诸具体的一项项教育实践行为中,没有教育主体这些道德品质或"善良意志"作为教育实践的催化剂,上述四大教育责任在实践行为中将流于形式主义、虚无主义。所以当前要较好地担当好这四大教育责任,无疑需要想方设法地积极培育教师、管理者们的教育智慧、教育忠诚、教育正义等道德品质。

（1）智慧

众所周知,人区别于动物的一个本质规定在于人具有理性——人具有"能够思考、计划、解释、论辩、评估、答辩、改变计划、选择不同途径等方面的能力"③。确实,人解释世界、改变世界抑或是认识自身、改造自身都是理性能力的使然。不过理性的价值是中立的,理性行为的结果或"善"或"恶"皆有可能。因为,理性在认识世界与创造世界时要受多样化社会价值观的指引和规范以及受实践主体价值取向的影响。而普遍性的社会价值观

---

① 习近平.决胜全面建成小康社会,夺取新时代中国特色社会主义伟大胜利——在中国共产党第十九次全国代表大会上的报告[M].北京：人民出版社,2017: 58.
② 本章节的教育主体不包括受教育者,从担当立德树人教育责任的使命层面来看,它指教育工作者,即教师和教育管理者。
③ 余纪元.亚里士多德伦理学[M].北京：中国人民大学出版社,2011: 55.

仅是代表某一历史时期主流的价值取向，它并不一定是一种普适性道德关切——许多时期的价值观往往是反人民、反自由、反进步的聚焦，在这一价值观的指向和规范下，显然实践理性并不会指向道德合理性与正当性。同时，个体的价值取向假若过于从"我"的道德价值立场思考，在"我"和"他"利益的选择之间，完全倾向于"我"的利益来考量，在这一价值取向的指引下，主体实践理性的结果显然可能会危及他人、社会的好生活。可见，理性的价值是中立的，它并不对行为是否有道德价值意义负责——理性与行为有道德意义并没有获得同一性，甚至许多理性能力强的人往往会做出更大的危害他人、社会的恶事。所以"聪明的坏人比愚蠢的坏人更具危险性"[1]。

看来，教育主体的理性能力并不能确保教育责任的完全实现。一方面，教育主体应具备以人民发展为中心的价值观，在良好的专业素养能力（理性能力）之外，还应避免在培养人的过程中背离教育规律与人的身心成长规律，譬如当前的唯分数、唯升学的超功利教育价值观，轻视（忽视）受教育者德育、体育、美育、劳动教育的教育行为就是对担当新时代教育使命的失责。另一方面，教育主体应具备为党育人、为国育才的政治伦理品质。肩负起"为人民服务、为中国特色社会主义服务、为改革开放和社会主义现代化建设服务，党和人民需要培养的是社会主义事业建设者和接班人"之时代责任。

为确保教育主体基于教育责任逻辑来实践教育行为，落实党的教育方针，坚持党的教育路线，显然要求教育主体的教育理性要指向于人民价值立场。通常，思想家们将服膺于一定道德价值意义的理性——德性的理性。德性的理性被亚里士多德称之为智慧。[2]依据亚里士多德的德性论来看，德性是适度的品质——"德性是一种能作出选择的品质。这种品质在于一种中庸

---

[1] 余纪元.亚里士多德伦理学[M].北京:中国人民大学出版社,2011:56.
[2] 参阅亚里士多德.尼各马可伦理学[M].廖申白,译.北京:商务印书馆,2003:207.

的状态……它是两种之间的中道：这两种恶一是过度，一是不足"①。这意味着德性就是人在道德上的优秀状态，由于智慧是德性的理性，所以教育主体所具有的教育智慧是履行新时代教育责任的道德保障。

对于教育主体而言，所谓教育智慧是教师在对教育目的、教育价值、教育情境、教育过程和教育结果的深刻理解和把握的基础上，在教育教学实践中形成的一种创造性的综合教育能力和教育艺术。它是教师毕生追求和努力达到的一种尊重生命、关注个性的独特的教育境界，是教育成功的活的灵魂。②因此，教育智慧本质上是高水平教育能力和教育艺术的标签。新时代，教育智慧是教育责任实现的基本道德保障。

首先，教育智慧是教育主体理性的合目的性与合道德性。众所周知，教育理性指向于真，它关切于事物的客观性，但它并不关切于事物价值的合理性。然而，教育智慧是对教育实践作出合目的性的价值判断。在中国特色社会主义教育实践活动中，它是指引教育主体的航灯，指引教育主体基于为党育人、为国育才的初心与使命来培养人才。换句话说，广大教师在教育智慧美德的引导下，自觉认同中国特色现代教育人才培养价值目的，并将其自觉贯穿于教育理念、教育方法、教育内容的教书育人全过程中。因为"教育智慧并非一种单纯的技巧，而是根植于对教育事业的忠诚、对学生浓厚的师爱，建筑在强烈的事业心与责任感的基础之上"③。

其次，教育智慧指引教育主体关注当代马克思主义教育价值观的体悟与践行。教育智慧是教育主体建立在对教育目的、教育价值、教育任务科学认知基础上的合价值性把握与实践。当代马克思主义教育价值观指向于教育的人民立场，它以促进每个受教育者德智体美劳全面发展，以促进人文素养和科学素养和谐统一的主体性张扬为价值追寻，是中国特色、世界水平现代教育的核心责任——"我们的教育要培养德智体美全面发展的社会主义建设

---

① 亚里士多德.尼各马可伦理学[M].廖申白,译.北京:商务印书馆,2003:53.
② 刘吉林.试析教育智慧的生成特性及其生成的内在条件[J].课程教材教法,2009(9).
③ 肖远骑.教育智慧刍议[J].教育研究,2015(4).

者和接班人"。由于智慧是一种德性理性——它以符合一定道德价值规范、标准的理性行为作为习惯,在很大程度上已将主体言行的合道德性当作无意识行为——"作为教育的一种内在品质,教育智慧是应当渗透、内化于包括师生教育活动及教育目的、教育价值、教育过程、教育环境、教育管理在内的一切方面的"[1]。因此,教育智慧总是指引教育主体在教育认知与教育实践中将这一发展人的德智体美劳全面性教育责任作为根本自觉。在教师教书育人的全过程中,它将审视教育主体的教育言行是否合中国共产党的教育方针,是否合马克思主义教育目的、教育价值作为一种道德自觉,作为一种道德义务。

最后,教育智慧以提高人才培养质量作为教育实践的根本价值取向。事实上,教育智慧是教育主体对教育事业的信仰、对学生无私的爱这些道德情感在教育实践活动中的具体体现,是所有具备教育情感认知、情感意愿的教育主体在教书育人的过程中围绕着提高人才培养质量这一根本价值取向的外化表现。它是履行教育责任的道德保障,是教育主体在教书育人中做出价值合理性判断、选择、行为的德性保障,"实践智慧则使我们选择正确的手段""没有实践智慧,选择就不可能正确,正如没有德性,选择就不可能正确一样"[2]。在现实教书育人实践中,广大教师要肩负起培养服务于人民、服务于中国特色社会主义、服务于改革开放的社会主义现代化接班人和建设者的教育责任。广大教师要带着对中国特色社会主义教育事业的信仰、对学生无私的爱这些道德情感,以慎思的态度对多元教育理念、多样教育知识并做出合理的、正当的理性判断和选择。从"培养什么人""为谁培养人"的政治高度来看,教师教育智慧是落实中国特色、世界水平现代教育责任的基本职业美德。

(2)忠诚

忠诚是道德谱系中的一个基本美德。春秋《左传》记载:"无私,忠

---

[1] 田慧生.时代呼唤教育智慧及智慧型教师[J].教育研究,2005(2).
[2] 亚里士多德.尼各马可伦理学[M].廖申白,译.北京:商务印书馆,2003:221.

也";后来司马光的《四言铭系述》曰,"尽心于人曰忠",所以"忠"是指心灵的空明清净、毫无私心,对道德指向对象的一心一意、绝无二心。所谓"诚"就是诚实,所以隋唐儒学家孔颖达疏曰"当自存其诚实也"。可见忠诚是指对道德指向对象的真心诚意、坚贞不二、永不叛心。

教育忠诚是教师的核心伦理,它指引、激励、规范教师教育实践行为——对教育事业的真心诚意、坚贞不二是教师对履行中国特色社会主义教育立德树人根本任务一种持续恒久的理性认同与内在自觉。因而,教师对教育事业忠诚与否,决定着中国特色、世界水平现代教育所肩负的责任能否实现。具体体现在,它在很大程度上决定着贯彻党的教育方针、政策的成效,决定着中国特色社会主义教育人才培养质量高低,决定着中国特色社会主义教育道路的方向性与持续性。

一方面,教育忠诚为教师坚持走什么样的教育道路指明方向,坚定道路自信。忠诚关涉价值判断,它是道德主体基于对特定对象的价值认知、价值判断基础上对对象物的坚定信念与实践笃行。中国特色、世界水平现代教育是中国特色社会主义的重要组成部分,这一中国特色社会主义教育本质要求教育主体在教育实践中自觉地坚持以人民发展为价值立场,服务于改革开放和中国特色社会主义现代化建设,这需要靠教育忠诚美德来强化。教育责任不是一种先验获得,也不是一种先验认知。在现实教育实践中,之所以会有诸多的失责,一个重要原因就是责任作为一种对责任主体的核心伦理要求,它从来都是被外在要求(社会、国家、集体等)的一种他者行为。而一旦责任主体缺乏某些美德譬如忠诚美德的理性自觉认知与理性自觉加强,即使可能有精妙周全的责任制度,教育失责也是难免的,毕竟作为客观性要素的责任制度一旦缺失主观性要素诸如忠诚美德的道德自觉,责任制度就失去了鲜活的灵魂与活力,也就没有了履行教育责任的积极认知与内在自觉。教育忠诚是教师对坚持走中国特色社会主义教育道路的理性自觉与坚定自信,中国教育要坚持走中国特色社会主义道路,需要广大教师树立起教育忠诚美德。

另一方面,教师对教育事业的忠诚是担当起为党育人、为国育才责任使命的重要保障。教育责任不是教育主体先验的自觉担当，"一切责任行为都是责任主体在自身的道德良心（道德自律）和道德他律（如社会舆论等）的双重监督下完成的"[1]。因为"当责任主体要逃避责任时，责任监督是威严的边防哨卡，让其迷途知返；当责任主体失去信心，消极应对责任时，责任监督为之鼓励打气，让其振作精神，克服困难，实现责任"[2]。事实上，教育主体责任意识、责任感的意愿与自觉程度与他们自身的道德自律有高度的关联性，他们对教育事业的忠诚无疑是催化教育责任自律行为的重要保障与根本内驱力。广大教师要"自觉做中国特色社会主义的坚定信仰者和忠实实践者，忠诚于党和人民的教育事业"，"如果身在学校却心在商场或心在官场，在金钱、物欲、名利同人格的较量中把握不住自己，那是当不好老师的"[3]。

众所周知，责任的实现除责任主体要有高度的责任认知、责任意志外，还需要其履职尽责的能力。真实责任的实现需要一种践履责任的能力即行动能力。在教育实践中，广大教师如果锻造出忠诚品质显然是提高担当中国特色、世界水平教育责任能力的重要内在动力。这种内在动力能促使广大教师努力提高或者不断完善自身专业业务素质，把积极汲取先进的教育教学理念当作他们的一种行为自觉，让其成为一种教育生活习惯。尤其是在物欲膨胀的物质主义世界，在面对许多人将拥有较大物质财富作为衡量人的成功身份价值当作黄金律的今天，"收入不高，物质生活不是很宽裕"的教师只有锻造忠诚于党的教育事业，怀揣着为中国特色社会主义培养合格的建设者和接班人的历史责任感和政治使命，才会有为储备"一潭水"知识的决心与意志力。否则，缺失这样一种对教育的忠诚，那教育工作仅仅只是他们一份生存生计，眼中的学生仅仅也只是一个产品，或者上几节课仅仅只是获取应得

---

[1] 左志德. 学术自由及其责任[M]. 北京：中国社会科学出版社，2016：106.
[2] 程东峰. 责任论——关于当代中国责任理论与实践的思考[M]. 北京：中国林业出版社，1994：212.
[3] 习近平. 做党和人民满意的好老师——同北京师范大学师生代表座谈时的讲话[M]. 北京：人民出版社，2014.

工资劳酬的一份等价交换物，至于履行为党育人、为国育才责任与使命储备什么样的专业知识与能力，那都是一种应付与敷衍。所以，习近平总书记指出，"做老师就要热爱教育工作，不能把教育岗位仅仅作为一个养家糊口的职业。有了为事业奋斗的志向，才能在老师这个岗位上干得有滋有味，干出好成绩"[①]。

（3）正义

众所周知，正义的哲学意蕴是正当合宜，在实践生活中表现为利益、资源、权利、机会的平等性分配。它在古希腊哲学中是作为一种美德来追寻的，在柏拉图看来，哲学王乃是智慧、勇敢、节制与正义四美德的集成者，正义品质体现了所有美德的最高境界。当代思想家麦金泰尔沿袭了这一思想，他认为，正义是一种品质、美德，即个人的公正、正直的品质——"作为德性的正义是用完美或卓越来界定的"[②]。

教师正义是教师职业道德生活的首要美德，它指向于教师在教育教学言行中的正当合宜，表现为在教育教学实践中关注受教育者利益、资源、权利、机会的正当性、合理性分配以及正当地对待每一个受教育者。

具体而言，教师正义美德指向于对待受教育者行为的正当性、道德性。就积极层面而言，给予受教育者关注、激励、赏识、关爱、帮助、激发、唤醒等以促进每个受教育者获得有效成长；就消极层面而言，在对待受教育者行为中，坚决杜绝出现贬低、压制、嘲笑、歧视等不道德行为发生，以维护每个受教育者的尊严与独立人格。[③]

教师正义美德指向于正当合理地分配关涉受教育者成长的物质性要素，如教育资源、教育权利、教育荣誉的正当合理分配。正当合理地分配物质性要素并非是数量上的平等主义，它是教师根据每个受教育者的个性成长条件

---

① 习近平. 做党和人民满意的好老师——同北京师范大学师生代表座谈时的讲话[M]. 北京：人民出版社，2014.
② 麦金太尔. 谁之正义？何种合理性？[M]. 万俊人，等，译. 北京：当代中国出版社，1996：56.
③ 受启发于金生鈜. 教育与正义——教育正义的哲学想象[M]. 福州：福建教育出版社，2012：13.

与成长状况而做出的差异化的物质性分配，它完全是基于从促进每一个受教育者"好"这一良善意志出发而做出的合道德性选择与决定。譬如，同学甲本次在期中测试数学科目中只是得了B等级，如果以绝对分数来比较也只是班上第35名（全班56人），但是教师基于该同学的进步给予了奖励。显然，这一行为并不是平等主义逻辑的体现，如果按名次来奖励，显然该同学不具有这个条件，但该教师这一做法是正当合理的，因为老师的激励、赏识的积极性正义行为不是简单的数字平等体现，它完全是基于受教育者"好"这一良善目的作出的正当合理决定。

教师无论是行为的正当合理性还是资源分配的正当合理性，两者都对学生的发展产生积极影响，直接关联着教育责任的实现。[①]教师正义是保障学生学习积极性的重要条件。学生学习积极性的发挥是建立在学生健康的道德发展和乐观的学习态度基础上，而教师正义就是发展它们的重要保障。要发挥学生学习的积极态度首先需要构建一个平等的教育环境，学生只有在公正和谐的学习环境和平等自由的氛围中才能够实现全面自由发展。教师的教学和管理构成了学生的学习环境，而教师的正义对于形成平等的教育环境具有主要的促进作用。因为学校是一个学生群体的聚集场所，教师对学优生的偏爱和对学困生的忽视和不公正对待，将会使得班级充斥在一种不平等的氛围里。对学生个体，教师若把关注和爱只集中在少数优秀的学生身上，对于其他的学生而言，教师的歧视或忽视首先给予了其他学生一种"不如他人"的自我暗示，那就会打击到学生的自尊心和进取心，使学生容易产生消极的人生观和价值观，滋生自卑的心理情绪。对班集体而言，教师的不正义行为无形中会在学生集体中建立起一道屏障，把不同层次水平的学生进行了不合理的分层。一方面，对学优生的偏爱和关注将会助长其骄傲自负的情绪，容易使其丧失不断进取的动力；另一方面，对学困生的忽视则会伤害他们的自信心，打击他们学习的积极性。不公正的对待会在学生心里种下骄傲、嫉恨、

---

① 此部分阐述内容主要来自左志德指导的学生论文。参阅刘淑华，左婵娟，左志德. 教师公正的内涵与价值研究——师生关系维度分析[J]. 基础教育研究, 2018(5).

自卑的种子，在其以后人生发展过程中留下巨大的阴影。反之，当学生感受到公正对待，感受到教师的尊重，感受到自身价值的存在时，则会激发其对学习的兴趣和热情。当教师长期以正当合理的行事风格面对学生时，其行为态度会潜移默化地给予学生心理上的暗示——规则面前人人平等，只有努力学习，才会获得成功。总之，正义环境下，成长的学生会逐渐形成良性竞争的平等意识与独立人格，教师的关爱也会给学生带来内心的自信和向上的动力，教师的鼓励也会激发学生勤奋刻苦、努力学习，不断进步。

教师正义是促进学生道德发展的基本条件。正义价值是道德教育的重要内涵，在学校，教师行为的公正与否会影响到学生的道德认知、人格健康发展。美国社会学家米德的自我发展理论提出"重要他人"的概念，在学生生理和心理发展的关键时期，教师是其成长过程中的"重要他人"。教师身上寄托了还未发展成熟的学生对学校以外社会的所有想象和期待，而且学生是教师言行的接受者和模仿者。若教师不能以公正之心对待每一个学生，那教师不正当的言行将会导致学生对公正合理性的怀疑，伤害学生对教师的敬仰之情，而且会影响学生对道德知识的信任度，阻碍学生人格的健康发展。中国特色、世界水平的教育要履行起塑造学生灵魂的重要使命，教师正义是最基本的价值保障，因为，"教师重要，就在于教师的工作是塑造灵魂、塑造生命、塑造人的工作"。因而，"教师不能只做传授书本知识的教书匠，而要成为塑造学生品格、品行、品味的'大先生'"。

2.构建公正、秩序、效率为基本价值的教育制度，契约教师教育责任。

责任是自律与他律的统一。在马克思看来，责任作为社会实践的主要形式，它本质上体现了社会的意识形态性，其责任要求均是社会意志的集体反映而绝不是责任主体的主观意志的意识产物。一般地来看，责任的社会意志性要求体现为角色任务。角色体现行为主体的社会交往关系，它规定着每一个现实中人的具体的规定性，他该做什么、禁止做什么都是由他被社会赋予的角色所规定的，"角色和行动联系在一起""角色是个体一切社会交往关系的定型。"①可见，角色②决定了社会所赋予的任务（责任），履行角色本质上就是责任的实现。

教师身份决定了他应然地具有立德树人的责任，当然这一角色责任通常是以教育制度③契约的形式规定的。

一方面，教师角色身份所承担的任务是由制度规定的，而绝不是他们自身依据自己的喜好、理性认知水平等自身要求来赋予自己的实践内容。具体表现在，一是指令性的——"精确地规定行为主体的行为内容"④——在新时代，中国特色、世界水平现代教育必须担负起为人民服务、为中国特色社会主义服务、为改革开放和社会主义现代化建设服务，为党和人民培养社会主义事业建设者和接班人这一教育责任，它是党的教育方针，是对每一个教师在教书育人实践中所作出的言行价值规范，是制度层面的契约。其责任清单体现为：要在坚定学生理想信念下功夫；要在厚植学生爱国主义情怀上下功夫；要在加强学生品德修养上下功夫；要在增长学生知识见识上下功夫；要在培养学生奋斗精神上下功夫；要在增强学生综合素质上下功夫，等等。二是禁止性的，譬如教育部2021年颁布的《中小学教育惩戒规则》严禁教师7种不正当行为以及教师十条禁令等，它属于消极层面的责任清单，是为保证教师更好地履行起教育责任而规定的禁止性行为。尽管它们不具有行为的价值引导意义，但指出了教师行为的自由限度，对它们的遵守就是对受教育者独立人格和尊严的保护，就是对教育责任的履行。

另一方面，教育制度规定了教育责任履行的保障机制。因为制度作为人为的规则，它总是要对所指向的客体的行为进行规范、约束——它"是一系列被制定出来的规则、守法程序和行为的道德伦理规范，其目的在于

---

① 程东峰.责任伦理导论[M].北京：人民出版社，2010：25.
② 或身份，下同。
③ 包含法律制度、党的教育方针政策、教育行政部门以及所在教育机构制定的一系列专门制度。
④ 柯武刚，史漫飞.制度经济学——社会秩序与公共政策[M].北京：商务印书馆，2008：109.

约束追求主体福利或效用最大化利益的个人行为"[1]。所谓规范、约束，其目的是"抑制在社会交往关系中可能产生的一些机会主义行为或者说是任意行为"[2]，而这实质上是保障制度确定的系列教育任务能按照社会意志[3]的要求如期实现。因而教育制度的规范、约束总是"隐含着对违规的惩罚"——这些消极层面的对违规[4]的惩罚规则首先体现在设计出惩罚的内容，譬如对违背师德师风行为的惩罚方式、惩罚形式等内容。教育制度的这些惩罚机制强有力地防止了教师对教育公共善的侵害。另外，也有利于促进社会、家长、学生对教师所从事的教育实践的高度认可、信任和信赖。

3.教育制度对教师履行教育责任具有巨大的激励作用

制度是人为的产物，它并不只是在于约束教师教育行为的一系列规范集，或者如康芒斯称之的制度只不过是集体行动控制个体行为的一些规则，从而以保障每个教师履行自己教育职责[5]。事实上，制度的功能价值还在于激励相关利益者，如诺斯所说，就是"制度构造了人们在经济、政治、社会各方面产生交往的激励结构"[6]。中国特色社会主义教育制度所追寻的核心旨趣在于充分尊重教师的主体性，通过多元的激励措施促进他们的积极性、创造性，以更好地尽职尽责。

制度有好有坏，"好制度可以让坏人没办法任意横行，不好的制度无法让好人充分做好事，甚至会走向反面"[7]。这足见良善制度的重要性。就实践理性经验来看，良善的教育制度以公正、秩序、效率为基本价值追寻，它有利于教师积极履行责任，最大程度上防止、避免教育失责。

---

[1] 诺思.经济史中的结构与变迁[M].陈郁,译.上海:上海三联书店,1997:225.
[2] 柯武刚,史漫飞.制度经济学——社会秩序与公共政策[M].北京:商务印书馆,2008:32.
[3] 至少是制度安排者的意志。
[4] 这里的违规指的是没有履行责任。
[5] 仅仅只是最低程度的责任。
[6] 诺思.制度、制度变迁与经济绩效[M].陈郁,译.上海:上海三联书店:1997:3.
[7] 邓小平.邓小平文选第二卷[M].北京:人民出版社,1994:343.

## （1）公正

公正问题自古希腊时期起便受到柏拉图、亚里士多德等思想家们的青睐，然而它似乎又历久弥新，总是被赋予不同的价值内涵，因而这一问题总是复杂的。所以博登海默说："在人们探究公正问题并努力揭示那令人困惑的秘密时，总是会深陷入沮丧与绝望。"[①]尽管如此，公正内涵依然有其普适性。

通常，公平、公正、正义、公道是作为同一概念在使用，只不过它们使用于不同的场合。公正总是用于评价人们行为的正当属性。譬如，当张三不劳而获、投机取巧时，我们会说此人不正派，这种事不公道，言下之意，张三只有基于劳动才能有所获，不劳则不可获的道德情形下才是正当的。反之，如果张三劳动了，老板却没有给予报酬或者给予太少的报酬，人们则会认为老板对待员工不公道、不公正。可见，公正是评判人们行为正当的一条道德原则。那么，什么样的正当行为是公正行为呢？

柏拉图说："正义就是给予每个人以恰如其分的报答。"[②]尽管柏拉图并没有对"恰如其分"做出明晰的解释，但他的弟子亚里士多德进一步明确了"恰如其分"的内涵："正义包含两个因素——事物和应该接受事物的人。人们一致认为，相等的人就要配给其相等的事物。"[③]亚里士多德意在告诉人们，正义就是一种平等——给予其平等的事物，所以他说，"公正被认为是，而且事实上也是平等"[④]，而且他还指出了这样的平等包括了"数目上的平等"。后来，许多思想家都继承了公正关涉平等的理念。譬如阿奎那说，正义是"给予每个人应得的事物的坚定不变的意志"[⑤]。穆勒说，"公正是每个人应得到他应得的利益或损失，而不公正则是每个人得到他

---

① Edgar Bodenheimer. The Philosophy and Method of The Law [M]，Harvard University Press, Cambridge, Madddsvhudrttes, 1967: 178.
② 柏拉图. 理想国 [M]. 郭斌和，张竹明，译. 北京：商务印书馆，2002: 7.
③ 亚里士多德. 政治学 [M]. 吴寿彭，译. 北京：商务印书馆：1965: 148.
④ 亚里士多德. 政治学 [M]. 吴寿彭，译. 北京：商务印书馆：1965: 148.
⑤ 卡尔·白舍客. 基督宗教伦理学（第二卷）[M]. 上海：上海三联书店，2002: 262.

不应得的利益或损失。"[1]麦金泰尔说,"正义是给每个人也包括本人应得的本分"[2]。从这些思想中,我们可以得出一点基本结论:公正关涉着双方的物[3]的交换,而且这些交换是平等的,不存在以多换少或者以少换多的行为,数目上或价值上是对等的。简而言之,公正是主体双方平等的利益或损害的交换。所谓"善有善报、恶有恶报"等表述都是公正价值的直观表达。

制度的本质是行为交往关系,它对行为主体双方的权利与义务职责作出安排和分配,即权利与义务职责的对等性与否是由制度契约的。因而权利与义务职责的平等分配就是制度公正的基本内涵。康德曾从"人是目的"的最高价值出发,阐发了主体间存在着权利和职责三种关系:一是既有权利又有义务职责的情形,它属于"人对人的关系";二是纯粹只有权利却根本没有义务职责的情形,它属于上帝对人的关系;三是纯粹只有义务职责却根本没有权利的情形,它属于奴隶对主人的关系。在康德看来,现代社会区别于传统社会的关键在于道德主体的权利和义务职责的共存性。制度作为"一种公开的规范体系",罗尔斯更是强调了制度公正的首要内涵就是权利与义务的平等分配——"当对基本权利和义务的分配没有在个人之间做出任何任意的区分时,……,这些制度就是正义的"[4]。

中国特色社会主义教育制度是制度的一种具体形态,它的基本规定性在于要对教师的教育权利和义务职责作出公平、公正的安排和分配,以充分调动教师履行教育责任的主体性,实现立德树人这一根本任务,服务于"为党育人、为国育才"这一教育根本价值取向。具体来说,中国特色社会主义教育制度的公正价值是指在教师共同体内,制度指向于每一位教师都平等地享有获得教育教学权利[5]的机会,任何教师绝不因其职务、学历(身份)、教

---

[1] Robert Maynard Hutchins. Great Books Of The Western Word [M]. Encyclop Aedia Britannica, Inc, 1980: 466.
[2] 麦金太尔. 谁之正义?何种合理性? [M]. 万俊人, 等, 译. 北京: 当代中国出版社, 1996: 56.
[3] 利益与损害。
[4] 罗尔斯. 正义论 [M]. 何怀宏, 等, 译. 北京: 中国社会科学出版社, 1988: 5.
[5] 包括教育教学资源、收入、晋升的机会、学历提升的权利,等等。

育水平（能力）、教育地位（教育荣誉）、教育贡献等因素的差异性而可以给予更多抑或更少地获取教育教学权利的机会。基于这一前提条件下，任何教师必须同等地履行相应地教育责任，并因自己的自由选择所造成的教育失责而受到对等的惩罚（代价）。这种形式层面的公正体现在两个方面。

一方面，教师担当教育责任是以拥有教育教学权利为前提条件。依据黑格尔所要求的是，制度的公正性首要的是要求以尊重人的独立人格和权利为前提，这意味着，我们的教育制度在赋予教师教育教学权利时需要尊重平等性原则——他们都平等地享有获取教育教学权利以及平等竞争教育教学资源、利益的机会。中国特色社会主义教育制度决不能受制于制度制定者的利益价值取向，有所差别地对待不同类型的教师——教师不能因其职务、学历（身份）、教育水平（能力）、教育地位（教育荣誉）、教育贡献等差异而被剥脱了平等地享有教育教学权利以及平等竞争教育教学资源、利益的机会。当前，学校教育制度有一种普遍性的制度异化现象——那些主宰了制度制定、决策话语权的制度行为主体为了获取更多的教育教学资源、利益，他们往往会对竞争获取这些资源、利益的条件设置指向性的限制性条件，让部分教师没有机会去竞争这些资源的可能性。譬如年龄的限制、职称的限制、学历的限制，甚至是限定没有某些学术头衔也不得参与竞争。这样的非道德性、非伦理平等性的教育制度的本质就是对教师自由权利的侵害，而平等自由[1]对于每一个教师履职尽责是基本条件——"我们之所以需要自由，乃是我们能从中获得实现我们目标的机会"[2]。"责任意识是以权利意识为基础的。显而易见，人的自由权利被限制、侵犯，他便可以消极地推卸责任，认为我没有自由，所以我不需承担责任。当然，他可以积极地去争取属于他自己的却被限制、侵犯的自由权利。在人的生存生活中，权利大于责任。"[3]事实上，每个教师都有实现其人格潜力的强烈欲求，都具有建设性地运用其

---

[1] 教育教学权利以及某些资源是教育教学自由的基本表现形式。
[2] 黑格尔.法哲学原理[M].范杨，张企泰，译.北京：商务印书馆，1961：273.
[3] 谢文郁.自由与责任：一种政治哲学的分析[J].浙江大学学报：人文社会科学版，2010（1）.

能力的强烈欲求，都有充分发挥其主动性和创造性的强烈欲求，而这本质上就是对立德树人职责的主动践行。非伦理平等性教育制度侵占了教师的应得权利显然会让教师居于一种局外人的境地，会挫伤教师的教育教学热情，会在很大程度上消弭教师对教育责任的自觉认可与主动担当。

另一方面，良善教育制度强调教育教学权利与教育责任的平等关系。事实上，黑格尔多次强调了制度公正的基本规定性在于权利与义务职责的平等性，他说，"权利和义务相结合的那种概念是最重要的规定之一，倘若一切权利都在一边，而一切义务却又在另外一边，那么整体就要瓦解"[①]。中国特色社会主义教育制度的公正性既要保证每个教师平等竞争教育教学权利、资源、利益机会，同时，也必须对教育教学权利所关联的义务职责做出清晰的契约。譬如，树立因材施教的教育责任观，树立德智体美劳全面发展的人才责任观。当前，学校微观层面的一系列教育政策是契约教育教学权利与教育责任关系的基本具象。它至少涉及一个要公平对待的问题，即防止教师利益共同体中利益阶层固化的价值取向，也就是，教师享有教育教学权利以及竞争获取资源、利益的机会与应履行的教育职责不对等关系被制度合法性契约，受到了合法地保障。事实上，在一个非伦理平等价值取向的教师共同体中，往往被以行政职务为核心的利益集团、以拥有较高学术头衔为纽带的利益集团[②]掌握了资源、利益分配规则的话语权。他们在利益驱动机制下总是会不自觉地或有预谋地设置一些价值倾向性条件以便更有利地获取教育教学资源、利益，而他们所要履行的义务职责并不与之相对称，即获取了较之他人更多的教育资源、利益[③]却只是履行着与他人同等的教育责任。在责权利相统一的今天，制度契约产生的责权利不对等性关系的合法性事实会让一部分教师找到降低教育责任标准与要求的借口。在教育实践中，他们或许会减少自己对教育的劳动付出，或许会减少对学生的教育关注、欣赏、激励等

---

① 黑格尔. 法哲学原理[M]. 范杨, 张企泰, 译. 北京: 商务印书馆, 1961: 273.
② 主要指省市学科带头人、骨干教师荣誉获得者。
③ 譬如通过设置限制性条件让自己或与之利益相关者晋升职称比他人要快。

积极性教育行动，或许会在责任认知与实践方面更趋模糊与被动，等等。总之，各种逃离、减少教育责任等问题都可能产生。

综上，在保障教育教学资源、利益等权利公平、公正分配的前提下，中国特色社会主义教育制度的公正价值应以契约对等的教育责任为根本归宿。倘若教师承担着较少的甚至逃避教育责任，却享有从社会、组织、他人那里贡献出的教育教学利益、资源①，这显然是教育制度的不公正。制度既然以"恰如其分的交换"为核心旨趣，那必然诉诸保障每一个教师在组织、他人那里获得教育教学利益、资源的同时，随之便要契约其对国家、社会、组织与他人有对等的付出、贡献（担当责任）。譬如在使用教育教学资源的过程中，教师便要正当合理地对待受教育者，从积极层面给予每一位受教育者更多的关注、激励、欣赏、期待；积极引导受教育者培育与践行社会主义核心价值观；积极按照习近平总书记在全国教育大会上就如何培养人的问题提出的六个下功夫要求尽心尽力地实践。除此之外，还要求教育者从消极层面防止有对受教育者的歧视、侮辱等损害其独立人格和尊严的非人道行为。反之，教师违反了制度契约的禁止性行为就须有相应的责任惩罚。

（2）秩序

所谓秩序，如博登海默（Edgar Bodenheimer）所说，是"意指在社会进程和自然发展进程中存在着某种程度的连续性、一致性和确定性"②。无序则是指事物在发展进程中存在着非连续性和无规则性的现象——表现为从一个事态到另一个事态的不可预测的突变情形③。秩序是社会发展进步的前提条件，无序只会导致社会停滞和倒退，教育责任是在教育有序环境中实现的。通常，新时代中国教育有序的基本特质就是教育者在积极认知、认同中国特色社会主义意识形态、社会发展、个体发展对中国特色社会主义教育价值期望下按照教育教学规律办教育，按照人才成长发展规律教书育人。新时

---

① 不仅如此，还获得了制度保障，让其成为正当性的索取。
② 博登海默.法理学——法律哲学与法律方法[M].北京：中国政法大学出版社，1999：223.
③ 参阅博登海默.法理学——法律哲学与法律方法[M].北京：中国政法大学出版社，1999：220-226.

代中国教育有序发展有赖于教育者教育智慧、教育忠诚、教育正义、教育仁爱等美德的培育与实践，有赖于中国特色社会主义教育制度秩序价值发挥。

教师是践行智慧、忠诚、正义、仁爱等教育美德的最基本要素，在较大程度上影响着教育教学有序与否，是影响教育责任最深层、最稳定、最持久的内在动力。当然，涵养教育美德则是教育实践的产物，是内在自律与外在他律的双重影响下，教育行为主体将外在的社会道德要求尤其是教育的伦理道德需要内化为一种自觉行为而所表现出的一些优秀品质，而且这些道德自觉认同不仅需要教师有足够的教育教学理性能力，也需要教师有丰富的对教育的爱的道德情感以及强烈的对教育事业的执着的道德意志。事实上，教师教育美德的涵养，在教育生活实践中所表现出的对教育事业的忠诚，对教育的情怀，对教育理想的执着都是以一个良善有序的教育制度环境为基本前提的，这在罗尔斯正义思想中可以获得有力论证。罗尔斯认为，社会是每个人价值实现的基本载体，一个正义社会有助于每个人充分发挥自己的才能，促进自由的发展。因而，制度正义的道德原则优先于个人对义务履行的道德要求。反之，在一个非正义制度的社会环境中，人们是无法履行市民和公民的义务的。基于此，罗尔斯认为，正义是社会基本结构的主题，是首要的善，"正义是社会制度的首要价值，正像真理是思想体系的首要价值一样。"[1]慈继伟在《正义的两面》著作中也鲜明地指出，个人正义之所以脆弱，在于个人正义实现的基本客观条件是社会正义[2]，正义环境的变化必定会影响个人的正义行为。事实上，人本质的社会性决定了人在现实交往中人际关系复杂性和变动的永恒性。人性如何尤其是所表现出的道德品性在很大程度上受影响于他所在的社会环境，一个非公平正义的社会环境必定会让个人正义等美德之人处于一种德福错位的境地，从而让美德之人失去了发展的物质与精神空间，因而终究是美德不再。

---

[1] 罗尔斯.正义论[M].何怀宏,等,译.北京:中国社会科学出版社,1988.
[2] 当然，社会正义是实现个人正义等道德行为的必要但非充要条件，个人正义等道德行为还依赖于个人的道德认知、道德需要等主观性要素。

德福一致是道德生活恒久的黄金律，教师教育教育实践的美德施行所表现出的对中国特色社会主义教育事业的忠诚、对学生的爱，对教育理想的执着需要一个良善有序的教育制度来维系与巩固。也就是，教育责任的实现依赖于中国特色社会主义教育制度从积极层面契约教育者积极引导、关注、激励受教育者健康发展的教育责任清单，从消极层面契约禁止教育者损害受教育者身心发展的教育责任清单，做到责权利一致，追寻于教育教学生活有序——一方面，从制度上保障兢兢业业的教育者获得应有的利益、权利；另一方面，从制度上保障教育失责的教育者获得应有的代价。总之，教育制度追寻于权责利一致价值取向是教育有序的根本保障，这是对保障教育者德福一致的外在环境要求——是激发、维持教育者施行教育美德的根本条件，从而保障教育责任的实现。

事实上，传统道德生活所表现的对他人、对社会的责任等美德如今已经被普遍的工具理性主义和功利主义所追寻的个人权利至上的道德理念所宰制。获取或维护个人权利[①]是当前现代性道德生活的基本旨趣，即争取或维护人的主体性业已成为评价实践活动有否道德伦理价值一个重要准则。事实上，人的主体性本质上就是人的权利和责任的统一性，"主体性问题实际上是指主体（人）在自己的对象性活动（认识和实践）中的地位和作用，即权利和责任问题——在人认识世界、改造世界的实践中，人自己究竟有（和没有）怎样的权利，有多大的权利，因此就必须承担（和不承担）什么样的责任，承担多大的责任"[②]。这意味着，主体承担责任是因为人被赋予了做某事的自由权利。这也就是说，某一项实践活动倘若没有相应权利作为前提，他便没有了担当责任的义务。康德基于"人是目的"的理念提出了"权利在先，责任在后"的主张——他说，"我们必须把自由预设为理性存在者的意志之性质"。"在评判人的一切实践行为的所有价值意义时，它（自由意

---

① 实践中往往表现为各种资源、利益，如收入、地位、荣誉以及权力等。
② 齐友.主体性：人的权利与责任[J].前线，2002(11).

志）不仅一直是优先的，而且是其他任何事物的前提条件。"[1]事实上，康德所谓的"其他任何事物的前提条件"指的就是责任——"为了说明这一点，我们将使用责任概念。"[2]由此看来，康德的伦理学尽管是以责任为核心范畴，但责任是以自由权利为基础的，人缺失权利或受限制则人不需要承担责任。"责任意识是以权利意识为基础的。显而易见，人的自由权利被限制、侵犯，他便可以消极地推卸责任，认为我没有自由，所以我不需承担责任。当然，他可以积极地去争取属于他自己的却被限制、侵犯的自由权利。在人的生存生活中，权利大于责任。"[3]

中国特色、世界水平现代教育所承担的责任是在中国特色社会主义教育制度契约相应的教师权利为前提下获得保障的，也就是，制度须对教师权利有着清晰的契约——要对他们的教育教学权利以及通过劳动所获取的收入、地位、荣誉等教师利益有着明晰的制度契约。这本质上就是对权责利相一致做出契约，是中国特色社会主义教育制度追寻教育有序价值的具体体现。

**思考题：**

新时代教师应该在哪些方面涵养美德让中国教育责任成为道德自觉？

---

[1] 康德.法的形而上学原理[M].沈叔平,译.上海：上海人民出版社,2005:58,103.
[2] 康德.法的形而上学原理[M].沈叔平,译.上海：上海人民出版社,2005:58,103.
[3] 谢文郁.自由与责任：一种政治哲学的分析[J].浙江大学学报 人文社会科学版,2010(1).

# 第三编　马克思主义教育哲学与中国教育

# 第九章　马克思主义实践观对教育本质的解释[①]

## 一、马克思主义实践观

所谓实践，是指作为主体的人能动地认识世界、改造世界的活动，它包含科学实践、生产实践以及社会实践[②]。马克思认为，实践是人所特有的对象性活动，是人特有的存在方式，体现的是主体与客体的主观与客观的关系。也就是说，人在对象性关系中，自然界是作为客体而存在的，人在认识自然界并改造自然界中，居于主导性地位。

一方面，实践的主体具有能动性特点。人与动物的根本区别在于人是有意识、有思想的，能在对象性活动中按照自己的意志、需要从事活动，因而人的实践活动具有能动性、目的性。从这个方面来讲，人的实践活动的价值大小一方面取决于客体的自然属性，另一方面根本取决于主体对客体的需要程度。为最大化满足主体自身的需要，主体在实践活动中总是会努力克服困难，不断超越现实，提升自我。因此，实践的主观能动性让人变得越来越具有主体性，从而不断推动社会向前发展。所以，人的实践是社会存在与发展的根本动力，它体现了人的存在方式。

另一方面，实践的客体具有受动性特点。尽管作为实践主体的人在实践活动中居于主导性地位，能基于自己的意志、需要来活动，但是由于自身认知水平与生产能力水平等限制，因而在对象活动中，实践主体总是要受制于

---

① 参阅舒定志. 马克思教育思想的当代阐释[M]. 北京：学习出版社, 2013.
② 以处理人与人之间社会关系为目的的实践。

客体，而不是为所欲为。这就是实践的受动性。实践的客体还包括精神方面的受动性。人类在实践过程中既要接受文化的熏陶，同时又要将文化内化为自身行为，实际上这就实现了客体主体化。

## 二、教育必须与生产劳动相结合

马克思认为，教育必须结合人的现实生活过程，成为人的日常生活的一部分，不能把教育变成达到某些世俗化目的或获取某些抽象概念的一种手段。

马克思主张从实践的视角来理解教育的本质，当然他并没有明确地谈论过教育本质，但他的实践观是非常清楚的。"环境的改变和人的活动或自我改变的一致，只能被看作并被合理地理解为革命的实践。"[①]我们对马克思的"革命的实践"至少可以从这两个方面理解。一是，强调"实践"的重要性。在马克思看来，实践的价值标示着人通过实践完成了与对象世界的交往关系的建构；二是，实践之于人的存在的意义的实现是"革命性"的，也就是说它绝不同于传统思想家理解的是人的观念变革。这就要求我们必须从现实的实践中去把握人的本质，去把握人的发展来自人与人之间的关系。

实践来自人的各种社会交往，也就是说全面发展的个人不是自然的产物而是历史发展的产物。"全面发展的个人——他们的社会关系作为他们自己的共同的关系，也是服从于他们自己的共同的控制的——不是自然的产物而是历史的产物。要使这种个性成为可能，能力的发展就要达到一定的程度和全面性。这正是以建立在交换价值基础上的生产为前提的，这种生产才在产生出个人同自己和同别人相异化的普遍性的同时，也产生出个人关系和个人能力的普遍性和全面性。"[②]

这就是说，只有当人融入现实的社会生产过程之中，在与他人、自然、

---

① 马克思恩格斯选集（第1卷）[M].北京：人民出版社，1995：56.
② 马克思恩格斯选集（第30卷）[M].北京：人民出版社，1995：112.

社会结成相互交往之中,才能不断地创造社会文明、创造社会生产力,同时也在丰富自己的知识、能力以及个性。

### (一)教育与生产劳动相结合,在于教育的使命

人的全面发展,按照马克思的观点,这是人的本质力量的现实化,也就是说,这是唤醒人的内在潜力及其现实化的过程。但是人的力量的外化或者现实化,必须以人与对象物建立交往关系的前提才能实现。人如果不与对象物发生交往关系,人就不是真正意义上的人,人的价值就失去了存在的可能。因而,劳动是创造人的必要前提。

"劳动这种生产活动,这种生产生活本身对人来说不过是满足一种需要,即维持肉体生存的需要的一种手段。而生产生活就是类生活。这是产生生命的生活。一个种的整体特性、种的类特性就在于生命活动的性质,而自由的有意识的活动恰恰就是人的类特性。生活本身仅仅表现为生活的手段。"[①]

这足见人需要劳动。劳动是人展示提高自己知识、能力、态度、情感与价值关怀的过程。

这样一来,面对生活在构建现实社会之中的人,切实增强人的社会交往能力,促进人的社会关系的构建就成为学校教育使命的核心命题。这样就能避免把教育使命理解为一种抽象的幻想,避免把教育变成是一种只是传授精神与信仰的"乌托邦",当然也不会使教育完全受功利主义消极思想的影响变成没有理想的"现实主义"。

同时,这进一步表明,人是通过自己的行为、自己的活动来表征自己的存在、自己的本质的。因此,实现学校的教育使命,必须关注现实社会的人的生存处境,不能脱离人的社会生活经验,不能抽象地讨论人的知识、技能、品性,要尽力地把人的社会生活经验融入学校教育之中,把它作为学校的重要教育资源,培养积极融入现实社会的合格公民。

---

① 马克思恩格斯选集(第30卷)[M].北京:人民出版社,1995:273.

## （二）教育与生产劳动相结合，源自学校教育的使命特征

马克思指出，全面发展的个人，不是自然的产物，而是历史的产物。要使这种个性成为可能，能力的发展就要达到一定的程度和全面性，这正是以建立在交换价值基础上的生产为前提，这种生产才能在产出个人同自己和同别人相异化的普遍性的同时，也能产生出个人关系和个人能力的普遍性和全面性。①

人不是抽象概念的存在，而是现实生活的存在。现实生活包括经济生活、政治生活、宗教生活等，因而理解人，必须从现实生活中去理解人，这样的人是具体的、生动的、鲜活的。

教育对人的发展起着重要作用，因而我们教育必须是一种源自生活现实的生动教育。也就是说，我们的教育内容务必从历史和现实的政治、经济、文化、科技诸方面来实施。事实上，马克思的"人的对象化"的思想，就为教育的生产劳动本质属性奠定了理论预设。"一方面为了使人的感觉成为人的，另一方面为了创造同人的本质和自然界的本质的全部丰富性相适应的人的感觉，无论从理论方面还是从实践方面来说，人的本质的对象化都是必要的"②。

也就是说，人是在与对象物的交往关系中发展并展示自己的价值的。离开了对象性交往关系，人不是真正意义上的人，充其量是一个自然身份的人。所以我们的教育在生产发展人这一过程中，必须要与生活和劳动生产相结合。

## （三）教育与劳动生产相结合，源自学校教育承载着巨大的社会价值

学校存在是社会存在的诉求，学校总是根据社会当前发展实际以及未来发展预期来教育人的。换句话说，学校教育承载着巨大的社会价值。这其中主要体现在教育培养出的人是具有适应社会发展需要的社会人。这就意味着，我们的教育在日常的实践中，要紧密结合社会生活实际来教育人、培

---

① 马克思恩格斯选集（第30卷）[M]．北京：人民出版社，1995：112．

② 马克思恩格斯选集（第3卷）[M]．北京：人民出版社，1995：306．

养人。

## 三、教育与生产劳动相结合的实质目标

教育与生产劳动相结合的实质目标是将人培养成社会主体。

首先，社会主体培育以现实社会生活为基础。

社会主体的塑造是在现实社会生活中完成的。脱离现实社会生活去理解社会主体使培育主体的教育活动缺少现实，成为一种精神观念的抽象活动，培养的人是掌握了某些观念的人，培养的人是掌握了一定自然科学知识的"知识人"。

人类的发展总是首先以生产劳动为前提。在生产劳动的过程中，就有了政治、道德、宗教、文化等意识形态，人的发展总是在特定的这些政治、文化要素构成的具体社会环境中生存和发展的，所以培养人成为社会主体是教育是本质功能。任何教育活动都需要结合社会生活环境来实施，因为人必定是历史和社会发展的产物。

其次是社会主体培养的条件是真实的"共同体"。

社会主体的基本特征是人具有正确认识社会与改造社会的意识、责任与能力，能够自觉地与社会建立和谐共处的关系。社会主体的基本要求是人能与他人、社会共处。马克思说过："人对自然的关系直接就是人对人的关系，正像人对人的关系直接就是人对自然的关系，就是他自己的自然的规定。因此，这种关系通过感性的形式，作为一种显而易见的事实，表现出人的本质在何种程度上对人来说成为自然，或者自然在何种程度上成为人具有人的本质。因此，从这种关系就可以判断人的整个文化教养程度。从这种关系的性质就可以看出，人在何种程度上对自己来说成为并把自身理解为类存在物、人。"马克思在这里告诉人们，人的全面发展需要一个适合个体自主发展的共同体。

一个真实的共同体不是抽象的、虚构的，而是让每一个个体充满活力，

与现实社会生活交往舒心的。

## 四、教育与生产劳动相结合的当代意义

（一）人是按照某些价值构建世界的，学校教育需要较好地培育未来社会之人具有这些规定性价值

马克思说："凡是有某种关系存在的地方，这种关系都是为我而存在的；动物并不对什么东西发生'关系'而且根本没有'关系'；对于动物来说，它对他物的关系不是作为关系而存在的。"[①]世界不仅是物理形态存在的客观世界，而且是价值形态存在的意义世界。就是说，在人与世界交往关系中，人按照知识、能力等理性和情感、意志、欲望等非理性在一定的社会价值观念引导下创造、改造世界，所创造、改造的世界是一个完全印有某些思想、观念、信仰、宗教等文化的意义世界。也正因为人的思想、观念、信仰、宗教等文化的多元性和差异性，经过不同文化思想主体的人构建的世界变得丰富起来了，一方面推动了社会的发展，同时也给世界的不和谐、不稳定带来了必然。

人是一定国家和社会的，世界有大世界和小世界，所谓的小世界就是指基于一定民族界限为前提的民族国家。因而为保持国家和社会实现一定的目标任务，保证国家、社会朝着既定的目标向前发展，要求教育按照基于生活实际的一定价值观念对人进行生命的塑造是必须的。也就是说，教育必须按照生活要求来进行，必须按照社会主流的核心价值观教育人。

（二）为人的教育确立了全面性发展依据

教育的根本目的是增强人的主体力量，提高人的主体性。劳动教育能有效提高人的主体力量，增强人的主体性。

人的主体性并不只是靠思辨的、抽象的活动来提高。这就是说，教育并

---

① 马克思恩格斯选集（第1卷）[M].北京：人民出版社，1995：81.

不只是观念活动。马克思指出，"在《现象学》中出现的异化的各种不同形式，不过是意识和自我意识的不同形式。正像抽象的意识本身——对象就被看成这样的意识——仅仅是自我意识的一个差别环节一样，这一运动的结果也表现为自我意识和意识的同一，即绝对知识，也就是说那种已经不是向外部而是仅仅在自身内部进行的抽象思维运动，也就是说，纯思想的辩证法是结果"①。因此，马克思确立了从现实社会生活出发来研究人的思想方式，指出现实社会生活是人的自我意识、价值观念产生的现实基础。人的自我意识不是"符号的联系"，它是社会活动的产物，"人的类特性恰恰就是自由的自觉的活动。"这就赋予了劳动对人的存在和发展的意义——劳动提高了人的主体性，增强了人的主体力量。

人在劳动中并不是像动物一样按照本能进行复制。在劳动中，人会在一定的现实基础上，按照自己的主观意识进行创造性活动，充分展示自己的理性和非理性力量，因而人在劳动中主体性得到了提高。

人在教育中通过劳动教育获得了主体性，增强了主体力量。

**思考题**：

当代马克思主义教育实践观有哪些内涵？

---

① 卡尔·马克思. 1844年经济学哲学手稿[M]. 北京：人民出版社，2014: 97-98.

# 第十章　教育面向生活世界[①]

## 一、学校教育价值观：一元与多元化的矛盾

所谓教育价值观是指对学校的价值应当是什么所持的看法。学校教育价值观的产生和发展与一定的社会发展、社会意识形态紧密关联。习近平总书记关于教育重要论述中提到，新时代中国学校教育要做到四个服务——"为人民服务，为中国共产党治国理政服务，为巩固和发展中国特色社会主义制度服务，为改革开放和社会主义现代化建设服务"。因此，学校教育要"不断树立为共产主义远大理想和中国特色社会主义共同理想而奋斗的信念和信心；正确认识中国特色和国际比较，全面客观认识当代中国、看待外部世界；正确认识时代责任和历史使命，用中国梦激扬青春梦，为学生点亮理想的灯、照亮前行的路，激励学生自觉地把个人的理想追求融入国家和民族的事业中，勇做走在时代前列的奋进者、开拓者；正确认识远大抱负和脚踏实地，珍惜韶华、脚踏实地，把远大抱负落实到实际行动中，让勤奋学习成为青春飞扬的动力，让增长本领成为青春搏击的能量。"

## 二、知识教育价值观：科学教育与人文教育的矛盾

韦伯曾提出知识"价值无涉"的价值观念，但是作为上层建筑属性的

---

[①] 参阅舒定志. 马克思教育思想的当代阐释[M]. 北京: 学习出版社, 2013.

学校教育所传授的知识不能价值无涉，它必须坚守知识的道德立场、伦理立场。这就是说，即使是自然科学知识，也必须坚守相应的道德立场和价值观。

近代以来，科学主义教育思想占据着学校知识教育的主阵地。科学主义的根本特征是科学是最高的神，科学主宰一切，也就是说，科学代替了神，它无所不能。因而在科学主义思想面前，不再存在着其他权威。反映到学校知识教育中，科学知识的传授与科学技能的培养就成为学校教育的最高目标。

相信科学对人类发展起着巨大作用，这显然没有错。但是一味地只是追寻科学的工具价值，那么对科学的信心就会变成"危机"，就会是"一个严重的幻觉"。韦伯在这方面做了个比方，现代社会是用一种"新型的控制"代替了先前的（宗教）"权威"的控制，是为个人设置的"理性的牢笼"。事实上，在科学理性主义至上的今天，人们的生活、工作都是置于一定的规则和规定之下，人的消极自由范围极其狭隘。

纯粹科学理性主义知识教育并不能促进人的思想解放，这样的受教育者只是一群没有情感、激情、同情心等丰富人文素养的精致理性主义者，显然它离人的全面发展教育相去甚远。

对此许多教育家如马里坦提出了尖锐的批评，"纯粹的科学人类观即是将测量与观察的资料结合在一起，它不需要考虑本质的问题，也无须解释'是否有灵魂'？是精神，抑或物质？人是自由的，还是被命定的？宇宙是有意向的目的，还是变幻莫测？价值与事实，孰轻孰重？"[1]

## 三、学校教育功能观：工具性与价值性的矛盾

学校教育的工具性价值是指把教育当作一种满足人的某些世俗化工具目

---

[1] 马里坦. 十字路口的教育—通识教育的理论基础[M]. 简成熙, 译. 台中: 五南图书出版有限公司, 1996: 7.

标的工具。譬如高升学率等同于好教育、高分数等同于好学生的评价观就是典型的教育工具性价值观的反映。

什么是教育？

"所谓教育，不过是人对人的主体间的灵魂交流活动（尤其是老一代对年轻一代），包括知识内容的传授、生命内涵的领悟，意志行为的规范，并通过文化传递功能，将文化遗产教给年轻一代，使他们自由地生成，并启迪其自由天性。"[①]

雅思贝尔斯关于教育内涵的阐述值得深思。学校教育要重视人的价值性品质的培养。强化教育的工具性，教育眼中的学生就是工具，这和动物没有本质区别，是为实现某种世俗化利益而接受知识的按照可测量的尺度来培养人。这样的教育，学生没有灵魂，没有思想，没有责任，没有同情心，这样的学生只不过是作为一种生产力工具来锻造而已。工具性教育在把学生培养成工具的同时，也把学生训练成了精致利己主义者。因为工具性价值教育，追求的是投入与产出的最佳效益，它强化了人与人之间的不相容性，因此这样的教育所培养的人缺乏团结合作的品质。

## 四、教育要面向生活世界

好生活是物质与精神生活的两重富裕。通过教育，主体拥有丰富的知识、科学技术，让自身获得了生产力方面的极大提高，这是人过上好日子的物质性条件。但是，好生活还是精神富足的生活。所以罗素始终认为，幸福生活并不与职业分工、收入多少呈正相关关系，因为在许多情况下农民、花圃工人所感受的快乐比百万富翁还多。这也就是说，好生活取决于主体对生活世界的他者性关系，即好生活在于主体对生活世界的积极姿态而不是把世界当作人去征服与获取资源的对象。

---

① 雅思贝尔斯.什么是教育[M].邹进,译.上海：上海三联书店,1991：3.

一方面，好生活召唤着人与人之间的交流交往，这也就是马克思所强调的人。在现实中，人的本质是社会关系的总和，而且他还指出："社会关系的含义在这里是指许多人的共同活动，不管这种共同活动在什么条件下，用什么方式和为了什么目的而进行。"[1]教育是实现人从自然人向社会人转化的重要方式——学会如何以共同的价值观去为人处世，思考人应当如何与他人、社会交往，等等，都是受教育者在指向于生活世界的教育实践中逐渐领悟、认同的。

另一方面，教育面向生活世界本质上就是教人求善求美。"善"是主体在实践活动中所表现出的价值取向，它体现的是主体行为的合目的性。所谓合目的性，是指主体在实践活动中立身处事能符合他人、一定群体、一定利益团体的需要。通常，"善"指向于伦理道德层面的合目的性。因而，它反映的是主体与世界（他人、集体、自然）的价值关系，指向于主体的言行的利他性。新时代青少年为学求善的基本取向是成为中国特色社会主义事业合格的建设者和接班人，即青少年要立足于"立志报效祖国，服务人民"这一大德高度来指引、规范自己的读书求学行为取向。

教育面向生活世界就是要引导青少年矢志于求美。何为美？就事物发展过程而言，美就是事物发展中它自身本质力量的自由展现，如事物在发展中所表现出的朝气蓬勃、欣欣向荣、生机盎然，均是美的表现、美的象征，所以马克思说："美就是生命活力自由能动的表现。"[2]就事物发展结果而言，美就是事物发展的完美本真状态。对于人之美而言，就是主体生命本质力量的自由能动展现的一种完美状态。人之美对应着人之丑。丑是人的生命本质力量的异化、畸形、病态，一切违背主体自身良心，违背社会道德伦理的行为都是主体生命本质力量的异化，尽管这些行为或许能给主体带来表面的荣华富贵，但由于违背了人之自由意志，违背了主体之善良意志，是对自身自由生命力量的扭曲，因而它是一种丑。

---

[1] 马克思恩格斯文集（第1卷）[M].北京：人民出版社，2009：532.
[2] 黎启全.美是自由生命的表现[M].桂林：广西师范大学出版社，1999：61.

青少年矢志于求美的基本逻辑是要提高自身主体性，并让自身的主体性获得他者性的观照，使自身的生命力量在服务于人民、服务于党、服务于国家的中国特色社会主义事业中获得充分的自由、解放。简而言之，青少年在矢志于提高自身生命的对象化能力同时，要不断涵养人民情愫，树立人民价值观，为自身在未来的创造创业实践中提供人生价值导航，让生命力量在指向于人民福祉的中国特色社会主义事业中体现生命美。这是教育面向生活世界的基本逻辑点。

**思考题：**
如何理解教育追求真善美与教育面向生活世界的关系？

# 参考文献

## 一、中文部分

**1. 著作类**

[1] 阿德勒. 六大观念[M]. 郗庆华, 等, 译. 北京: 生活·读书·新知三联书店, 1998.

[2] 阿克顿. 自由与权力[M]. 侯健, 等, 译. 北京: 商务印书馆, 2001.

[3] 阿奎那. 阿奎那著作选[M]. 马清槐, 译. 北京: 商务印书馆, 1997.

[4] 麦金太尔. 谁之正义? 何种合理性?[M]. 万俊人, 等, 译. 北京: 当代中国出版社, 1996.

[5] 阿龙. 约翰·洛克[M]. 陈恢钦, 译. 沈阳: 辽宁教育出版社, 2003.

[6] 阿玛蒂亚·森. 以自由看待发展[M]. 任赜, 等, 译. 北京: 中国人民大学出版社, 2002.

[7] 柏拉图. 理想国[M]. 郭斌和, 译. 北京: 商务印书馆, 2002.

[8] 北京大学哲学系外国哲学史教研室. 十六—十八世纪西欧各国哲学[M]. 北京: 生活·读书·新知三联书店, 1958.

[9] 边沁. 道德与立法的原理[M]. 时殷弘, 译. 北京: 商务印书馆, 2002.

[10] 博登海默. 法理学——法律哲学与法律方法[M]. 北京: 中国政法大学出版社, 1999.

[11] 曾钊新. 教育哲学断想录[M]. 长沙: 中南工业大学出版社, 2000.

[12] 陈来. 从思想世界到历史世界[M]. 北京: 北京大学出版社, 2016.

[13] 程东峰. 责任伦理导论[M]. 北京: 人民出版社, 2010.

[14] 程东峰. 责任论——关于当代中国责任理论与实践的思考[M]. 北京: 中国林业出版社, 1994.

[15] 迟宝东. 习近平总书记教育重要论述讲义[M]. 北京: 高等教育出版社, 2020.

[16] 邓小平. 邓小平文选第二卷[M]. 北京: 人民出版社, 1994.

[17] 杜威. 伦理学[M]. 魏洪钟, 译. 上海: 华东师范大学出版社, 2020.

[18] 杜威. 民主主义与教育[M]. 王承绪, 译. 北京: 人民教育出版社, 2001版.

[19] 费希特. 伦理学体系[M]. 梁志学, 译. 北京: 中国社会科学出版社, 1995.

[20] 冯友兰. 中国哲学简史[M]. 北京: 北京大学出版社, 1985.

[21] 弗里德里希·冯·哈耶克. 自由宪章[M]. 杨玉生, 等, 译. 北京: 中国社会科学出版社, 2012.

[22] 甘绍平. 应用伦理学前沿问题研究[M]. 南昌: 江西人民出版社, 2002.

[23] 高兆明. 存在与自由: 伦理学引论[M]. 南京: 南京师范大学出版社, 2004.

[24] 高兆明. 黑格尔《法哲学原理》导读[M]. 北京: 商务印书馆, 2010.

[25] 郭金鸿. 道德责任论[M]. 北京: 人民出版社, 2008.

[26] 哈特. 法律的概念[M]. 张文显, 等, 译. 北京: 中国百科全书出版社, 1996.

[27] 哈耶克. 自由秩序原理[M]. 邓正来, 译. 北京: 生活·读书·新知三联书店, 1987.

[28] 何怀宏. 公平的正义: 解读罗尔斯的正义论[M]. 济南: 山东人民出版社, 2002.

[29] 黑格尔. 法哲学原理[M]. 范杨, 张企泰, 译. 北京: 商务印书馆, 1961.

[30] 黑格尔. 法哲学原理[M]. 贺麟, 译. 北京: 商务印书馆, 1996.

[31] 黑格尔. 小逻辑[M]. 贺麟, 译. 北京: 商务印书馆, 1980.

[32] 霍布豪斯. 正义的要素[M]. 孔兆政, 译. 长春: 吉林人民出版社, 2006.

[33] 霍布斯. 利维坦[M]. 黎思复, 黎廷弼, 译. 北京: 商务印书馆, 1996.

[34] 加布里埃尔·孔佩雷. 西方教育史经典名著译丛: 教育学史[M]. 张瑜, 王

强. 译. 济南: 山东教育出版社, 2013.

[35] 金生鈜. 教育与正义——教育正义的哲学想象[M]. 福州: 福建教育出版社, 2012.

[36] 卡尔·白舍客. 基督宗教伦理学(第二卷)[M]. 上海: 上海三联书店, 2002.

[37] 卡尔·马克思. 1844年经济学哲学手稿[M]. 北京: 人民出版社, 2014.

[38] 马克思恩格斯选集(第1卷)[M]. 北京: 人民出版社, 1995.

[39] 马克思恩格斯选集(第3卷)[M]. 北京: 人民出版社, 1995.

[40] 马克思恩格斯选集(第4卷)[M]. 北京: 人民出版社, 1995.

[41] 马克思恩格斯选集(第30卷)[M]. 北京: 人民出版社, 1995.

[42] 马克思恩格斯文集(第1卷)[M]. 北京: 人民出版社, 2009.

[43] 康德. 道德形而上学基础[M]. 孙少伟, 译. 北京: 中国社会科学出版社, 2009.

[44] 康德. 道德形而上学原理[M]. 苗力田, 译. 上海: 上海人民出版社, 2002.

[45] 康德. 法的形而上学原理[M]. 沈叔平, 译. 上海: 上海人民出版社, 2005.

[46] 康德. 论教育学[M]. 赵鹏, 何兆武, 译. 上海: 上海人民出版社, 2005.

[47] 康德. 实践理性批判[M]. 韩水法, 译. 北京: 商务印书馆, 1999.

[48] 柯武刚, 史漫飞. 制度经济学——社会秩序与公共政策[M]. 北京: 商务印书馆, 2008.

[49] 拉法格. 思想起源论[M]. 王子野, 译. 北京: 生活·读书·新知三联书店, 1978.

[50] 黎启全. 美是自由生命的表现[M]. 桂林: 广西师范大学出版社, 1999.

[51] 刘芳. 论德性的养成[M]. 北京: 中央编译出版社, 2016.

[52] 卢梭. 爱弥儿[M]. 李兴业, 译. 北京: 人民教育出版社, 2017.

[53] 卢梭. 社会契约论[M]. 何兆武, 译. 北京: 商务印书馆, 1980.

[54] 罗伯特·诺奇克. 无政府、国家与乌托邦[M]. 何怀宏, 译. 北京: 中国社会科学出版社, 1991.

[55] 罗尔斯. 正义论[M]. 何怀宏等, 译. 北京: 中国社会科学出版社, 1988.

[56] 罗素. 西方哲学史[M]. 何兆武,译. 北京:商务印书馆,1963.

[57] 洛克. 人类理解论[M]. 关文运,译. 北京:商务印书馆,1954.

[58] 马里坦. 十字路口的教育——通识教育的理论基础[M]. 简成煦,译. 台中:五南图书出版有限公司,1996.

[59] 孟德斯鸠. 论法的精神[M]. 许明龙,译. 北京:商务印书馆,1961.

[60] 摩里兹·石里克. 伦理学问题[M]. 孙美堂,译. 香港:华夏出版社,2001.

[61] 诺思. 经济史中的结构与变迁[M]. 陈郁,译. 上海:上海三联书店,1997.

[62] 诺思. 制度、制度变迁与经济绩效[M]. 陈郁,译. 上海:上海三联书店,1997.

[63] P. Aarne Vesilind Alastair S. Gunn. 工程、伦理与环境[M]. 吴晓东,译. 北京:清华大学出版社,2003.

[64] 沛西·能. 教育原理[M]. 王承绪等,译. 北京:人民教育出版社,2005.

[65] 乔尔·范伯格. 自由、权利和社会正义[M]. 王守昌,译. 贵阳:贵州人民出版社,1998.

[66] 乔治·爱德华·摩尔. 伦理学原理[M]. 长河,译. 北京:商务印书馆,1983.

[67] 丘景尼. 教育伦理学[M]. 福州:福建教育出版社,2006.

[68] 萨特. 存在与虚无[M]. 陈宜良,译. 北京:生活·读书·新知三联书店,1987.

[69] 圣西门. 圣西门选集[M]. 董果良,译. 北京:商务印书馆,1982.

[70] 石元康. 当代西方自由主义理论[M]. 上海:上海三联书店,2000.

[71] 叔本华. 伦理学的两个基本问题[M]. 任立,译. 北京:商务印书馆,1996.

[72] 叔本华. 作为意志的表象的世界[M]. 石冲白,译. 北京:商务印书馆,1982.

[73] 舒定志. 马克思教育思想的当代阐释[M]. 北京:学习出版社,2013.

[74] 斯宾诺莎. 伦理学[M]. 北京:商务印书馆,1981.

[75] 斯宾诺莎. 政治论[M]. 冯炳昆,译. 北京:商务印书馆,1999.

[76] 宋冰. 程序、正义与现代化[M]. 北京:中国政法大学出版社,1998.

[77] 涂尔干. 教育思想的演进[M]. 李康,译. 北京:商务印书馆,2002.

[78] 涂尔干. 宗教生活的基本形式[M]. 渠东,汲喆,译. 北京:商务印书馆,

2011.

[79] 王海明. 公正与人道——国家治理道德原则体系[M]. 北京: 商务印书馆, 2010.

[80] 韦伯. 新教伦理与资本主义精神[M]. 于晓, 陈维纲, 译. 北京: 生活·读书·新知三联书店, 1987.

[81] 吴俊升. 教育哲学大纲[M]. 福州: 福建教育出版社, 2011.

[82] 吴俊升. 教育哲学大纲[M]. 台北: 台湾商务印书馆, 1935.

[83] 习近平. 决胜全面建成小康社会, 夺取新时代中国特色社会主义伟大胜利——在中国共产党第十九次全国代表大会上的报告[M]. 北京: 人民出版社, 2017.

[84] 习近平. 习近平谈治国理政(第一卷)[M]. 北京: 外文出版社, 2014.

[85] 习近平. 做党和人民满意的好老师——同北京师范大学师生代表座谈时的讲话[M]. 北京: 人民出版社, 2014.

[86] 休谟. 人性论[M]. 关文运, 译. 北京: 商务印书馆, 1980。

[87] 徐瑞. 教育社会学[M]. 北京: 北京师范大学出版社, 2010.

[88] 徐向东. 自由意志与道德责任[M]. 南京: 江苏人民出版社, 2006.

[89] 雅思贝尔斯. 什么是教育[M]. 邹进, 译. 上海: 上海三联书店, 1991.

[90] 亚当·斯密. 道德情操论[M]. 蒋自强, 等, 译. 北京: 商务印书馆, 1997.

[91] 亚当·斯密. 国民财富的性质和原因的研究(上卷)[M]. 郭大力, 等, 译. 北京: 商务印书馆, 1972.

[92] 亚里士多德. 尼各马可伦理学[M]. 廖申白, 译. 北京: 商务印书馆, 2003.

[93] 亚里士多德. 政治学[M]. 吴寿彭, 译. 北京: 商务印书馆, 1965.

[94] 以赛亚·伯林. 两种自由概念[C]//刘军宁. 市场逻辑与国家观念. 北京: 生活·读书·新知三联书店, 1995.

[95] 以赛亚·伯林. 自由论[M]. 胡传胜, 译. 南京: 译林出版社, 2011.

[96] 英格博格·布罗伊尔. 德国哲学家圆桌[M]. 张荣, 译. 香港: 华夏出版社, 2003.

[97] 余纪元. 亚里士多德伦理学[M]. 北京: 中国人民大学出版社, 2011.

[98] 约翰·密尔. 功利主义[M]. 唐钺, 译. 北京: 商务印书馆, 1997.

[99] 约翰·斯图亚特·穆勒. 功利主义[M]. 徐大建, 译. 北京: 商务印书馆, 2019.

[100] 约纳斯. 技术、医学与伦理学——责任原理的实践[M]. 张荣, 译. 上海: 上海译文出版社, 2008.

[101] 约瑟夫·拉兹. 自由的道德[M]. 孙晓春, 等, 译. 长春: 吉林人民出版社, 2006.

[102] 张法琨. 古希腊教育论著选[M]. 北京: 人民教育出版社, 2007.

[103] 张品兴, 乔继堂. 人生哲学宝库[M]. 北京: 中国广播电视出版社, 1992.

[104] 赵汀阳. 论可能生活[M]. 北京: 中国人民大学出版社, 2004.

[105] 郑保华. 康德文集[M]. 北京: 改革出版社, 1997.

[106] 周辅成. 西方伦理学名著选辑[M]. 北京: 商务印书馆, 1964.

[107] 左志德. 学术自由及其责任[M]. 北京: 中国社会科学出版社, 2016.

## 2. 期刊类

[1] 白玉凯. 《反杜林论》中恩格斯自由思想的深层意蕴解析[J]. 华北电力大学学报社会科学版, 2014(4).

[2] 陈雷. 论马克思哲学批判中的三重正义观[J]. 浙江社会科学, 2020(7).

[3] 方秋明. 约纳斯的责任伦理学研究[D]. 上海: 复旦大学, 2004.

[4] 冯建军. 公民身份的国家认同: 时代挑战与教育应答[J]. 社会科学战线, 2012(2).

[5] 冯颜利. 基于生产方式批判的马克思正义思想[J]. 中国社会科学, 2017(9).

[6] 甘绍平. 忧那思等人的新伦理究竟新在哪里?[J]. 哲学研究, 2000(12).

[7] 韩东屏. 论战克隆人: 意义、观点与评测[J]. 自然辩证法通讯, 2003(3).

[8] 何云峰. 黑格尔论自由[J]. 上海师范大学学报, 1999(11).

[9] 李朝东. 意志自由与责任担当[J]. 西北师范大学学报: 社会科学版, 2002, 39(4).

[10] 李文潮. 技术伦理与形而上学——试论尤纳斯《责任原理》[J]. 自然辩证法研究, 2003（2）.

[11] 林钟敏. 责任的心理分析——介绍维纳新著《责任的判断》[J]. 心理学动态, 1996（4）.

[12] 刘吉林. 试析教育智慧的生成特性及其生成的内在条件[J]. 课程教材教法, 2009（9）.

[13] 刘淑华, 左婵娟, 左志德. 教师公正的内涵与价值研究——师生关系维度分析[J]. 基础教育研究, 2018（5）.

[14] 卢杰雄. 康德道德观论析[J]. 外国哲学, 第十五辑。

[15] 鲁新安. 价值冲突下的道德责任能力建设[J]. 学术研究, 2007（8）.

[16] 伦克. 当代的哲学、伦理学和人的技术活动[J]. 哲学译丛, 1985（2）.

[17] 齐友. 主体性：人的权利与责任[J]. 前线, 2002（11）.

[18] 舒远招. 从义务论的角度看康德的正义思想[J]. 道德与文明, 2019（1）.

[19] 田慧生. 时代呼唤教育智慧及智慧型教师[J]. 教育研究, 2005（2）.

[20] 王海明. 论良心[J]. 齐鲁学刊, 2002（4）.

[21] 习近平. 2014年3月27日在联合国教科文组织总部的演讲[J]. 求是, 2019（9）.

[22] 肖远骑. 教育智慧刍议[J]. 教育研究, 2015（4）.

[23] 谢文郁. 自由与责任：一种政治哲学的分析[J]. 浙江大学学报：人文社会科学版, 2010（1）.

[24] 张晒. "复合平等"还是"复合不平等"——对沃尔泽多元主义分配正义论的追问[J]. 华中科技大学学报社会科学版, 2017（4）.

[25] 张旭. 技术时代的责任伦理学：论汉斯·约纳斯[J]. 中国人民大学学报, 2003（2）.

[26] 左婵娟, 左志德. 学术责任的价值取向思考[J]. 科教文汇（中旬刊）, 2016（12）.

[27] 左志德．．对大学学术自由合理性的伦理解读[J]. 现代大学教育, 2014（3）.

## 3. 其他类

[1] 清华大学苏世民学者项目启动仪式在京举行，习近平奥巴马致贺信[N]. 人民日报, 2013-3-18(1).

[2] 未来一百页——罗马俱乐部总裁的报告[R]. 北京: 中国展望出版社, 1984.

[3] 习近平. 紧紧围绕坚持和发展中国特色社会主义, 学习宣传贯彻党的十八大精神[N]. 人民日报, 2012-11-19(1).

[4] 习近平. 在北京大学师生座谈会上的讲话[N]. 人民日报, 2018-5-03(1).

[5] 习近平. 在第十二届全国人民代表大会第一次会议上的讲话[N]. 人民日报, 2012-11-19(1).

[6] 习近平. 在联合国"教育第一"全球倡议行动一周年纪念活动上发表视频贺词[N]. 人民日报, 2013-9-27(3).

[7] 习近平. 在联合国教科文组织发表重要演讲——文明因交流而多彩, 文明因交流而互鉴[N]. 人民日报, 2014-3-28(1).

[8] 习近平. 在庆祝中华人民共和国成立65周年招待会上的讲话[N]. 人民日报, 2014-10-01(2).

[9] 习近平. 在同各界优秀青年代表座谈时的讲话[N]. 人民日报, 2013-5-05(1).

[10] 习近平. 在中国科学院第十九次院士大会、中国工程院第十四次院士大会上的讲话[N]. 人民日报, 2018-5-29(1).

[11] 习近平. 致全国广大教师们的信[N]. 人民日报, 2013-9-10(1).

[12] 习近平. 做党和人民满意的好老师——同北京师范大学师生代表座谈时的讲话[N]. 人民日报, 2014-9-10(1).

# 二、外文部分

[1] David Hume. A Treatise of Human Nature[M]. Oxford: The Clarendon Press, 1949.

[2] Edgar Bodenheimer. The Philosophy and Method of The Law[M], Harvard

University Press, Cambridge, Madddsvhudrttes, 1967.

[3] Hans Jonas. The Imperative Of Responsibility: In Search of an Ethics for the Technological Age [M]. Chicago: University of Chicago Press, 1985.

[4] Isaiah Berlin. Four Essays On Liberty [M]. oxford: Oxford University Press, 1969.

[5] John Rawls. A Theory Of Justice [M]. New York: The Belknap Press of Harvard University, 1999.

[6] Julia Divere. Uneasy Virtue [M]. Cambridge: University Press, 2002.

[7] Linda Trinkaus Zagzebske. Virtues of the Mind: An Inquiry into the Nature of Virtue and the Ethical Foundations of Knowledge [M]. Cambridge: Cambridge University Press, 1996.

[8] Maurice. Merleau·Ponty [J]. Signes, editions Gallimard, 1960.

[9] Robert Maynard Hutchins ed. . Great Books of The Western World, Volume 43 [J]. UTILITARINISM, by John Stuart Mill.

[10] Robert Maynard Hutchins. Great Books Of The Western Word [M]. Encyclop Aedia Britannica, Inc, 1980.

[11] Thomas Hill Green. Lecture on Liberal Legislation and Freedom of Contract [J]. Works III, c1881.

[12] Thomas Hill Green. On the different sense of "Freedom" As "applied to Will and to the Moral Progress of Man" [J]. sec.